この本《ほん》の使《つか》い方《かた》

（おうちの人《ひと》といっしょに読《よ》んでね）

ぼくたちと楽《たの》しく漢字《かんじ》を学《まな》ぼう！

画数《かくすう》と部首《ぶしゅ》
その漢字《かんじ》の総画数《そうかくすう》と、属《ぞく》する部首《ぶしゅ》を示《しめ》しています。

漢字《かんじ》の読《よ》み方《かた》
漢字《かんじ》の「音《おん》読《よ》み」と「訓《くん》読《よ》み」を示《しめ》しました。音《おん》はカタカナ、訓《くん》はひらがなで表《あらわ》しています。小学生《しょうがくせい》では習《なら》わない読《よ》み方《かた》は、（ ）で示《しめ》しています。

筆順《ひつじゅん》
その漢字《かんじ》の筆順《ひつじゅん》を全《すべ》て示《しめ》しています。

漢字《かんじ》のアドバイス
漢字《かんじ》の書《か》き方《かた》に関《かん》する22個《こ》のコラムを設《もう》けました。きれいな書《か》き方《かた》のヒントや、間違《まちが》えやすくて、注《ちゅう》意《い》したいところを示《しめ》しています。

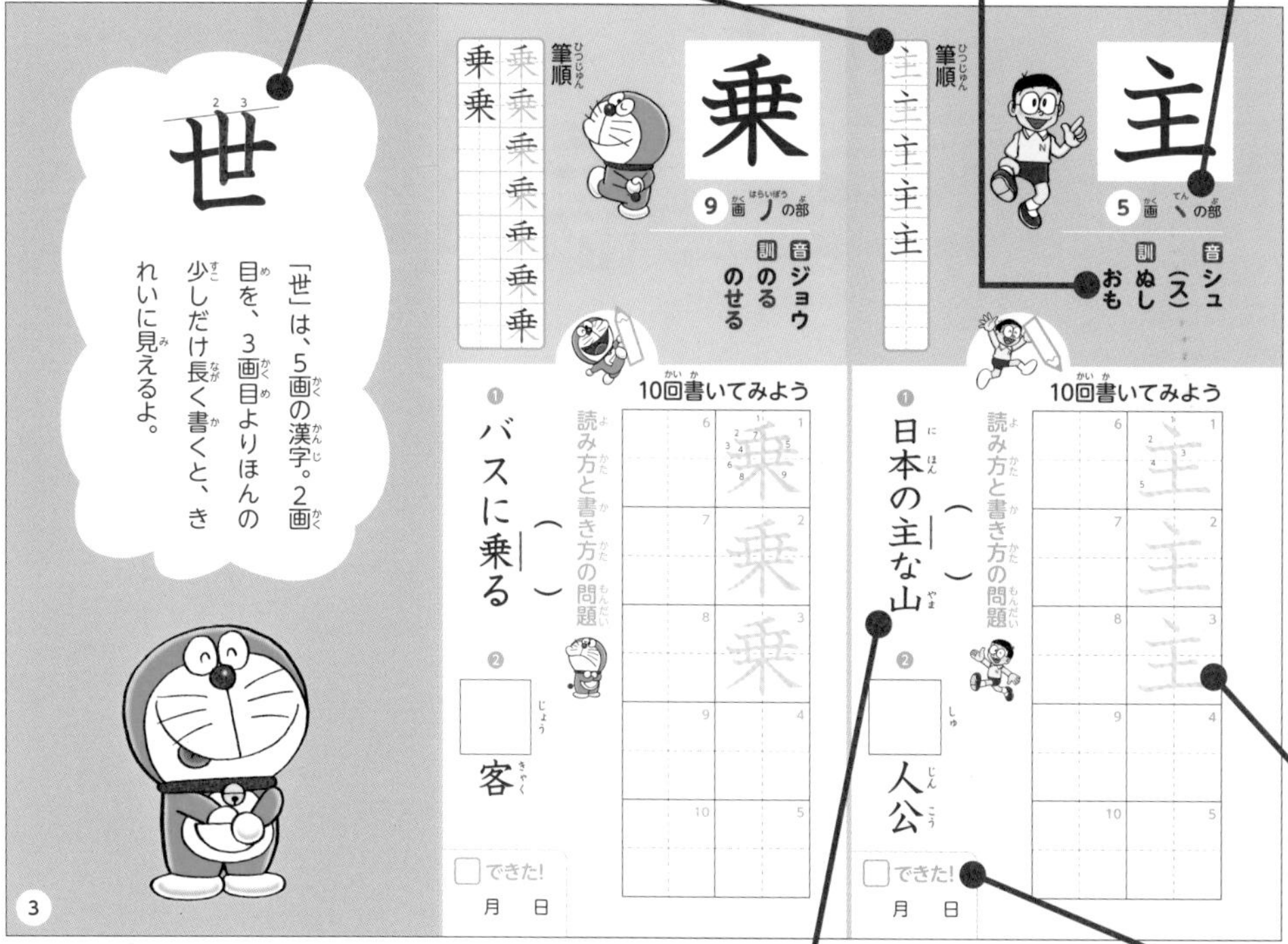

10回《かい》書《か》いてみよう
その漢字《かんじ》を10回《かい》まで練習《れんしゅう》できるようにマスを設《もう》けました。

できた!
漢字《かんじ》の練習《れんしゅう》をして問《もん》題《だい》を解《と》いたら、□に○をつけて、解《と》いた日《ひ》を書《か》いておきます。

読《よ》み方《かた》と書《か》き方《かた》の問題《もんだい》
その漢字《かんじ》の読《よ》み方《かた》と書《か》き方《かた》の問題《もんだい》を設《もう》けました。読《よ》み方《かた》の問《もん》題《だい》の答《こた》えは、94・95ページにあります。書《か》き方《かた》の問題《もんだい》の答《こた》えは全《すべ》て、その問題《もんだい》の上《うえ》に記《しる》してある漢字《かんじ》ですので、答《こた》えのページは設《もう》けていません。

漢字《かんじ》の並《なら》べ方《かた》
漢字《かんじ》は学《まな》びやすいように、『ドラえもん はじめての漢字《かんじ》辞典《じてん》 第《だい》2版《はん》』で採用《さいよう》している部首順《ぶしゅじゅん》で並《なら》べています。
同《おな》じ部首内《ぶしゅない》では、部《ぶ》首《しゅ》をのぞいた画数《かくすう》が少《すく》ない順《じゅん》に並《なら》べてあります。
また途中《とちゅう》で、それまでの漢字《かんじ》を復習《ふくしゅう》できるように「やってみ」という問《もん》題《だい》ジを8回《かい》に分《わ》けりました。巻末《かんまつ》チャレンジ 読めるかな・書《か》けるかな」という問題《もんだい》を作《つく》りました。答《こた》えはいずれも96ページにあります。

おうちの方へ

『ドラえもん はじめての漢字ドリル3年生』は、はじめて漢字に出会うお子様のための辞典『ドラえもん はじめての漢字辞典 第2版』（小学館）に基づいて編集されています。

- 取り組みやすいように、1ページに漢字は最大3字までにしました。
- 頭と目と指を使って10回書いてみることで、その漢字を確実にマス
- 「読み方と書き方の問題」はゲーム感覚のテストで、楽しみつけられます。
- 「漢字のアドバイス」が全部で22個あり、学んでいて飽きがこてあります。
- オールカラー、全ての漢字にふりがなつきです。
- ドラえもんやのび太くんたちが、たくさん登場します。みんながはげましてくれるから、お子様もがんばって練習できます。

お子様が漢字に興味を持ち、楽しみながら学んでくださることを心より願っています。

（小学館国語辞典編集部）

丁

2画《かく》　一《いち》の部《ぶ》

音　チョウ（テイ）

訓　―

筆順《ひつじゅん》　丁 丁

10回《かいか》書いてみよう

読《よ》み方《かた》と書《か》き方《かた》の問題《もんだい》

① 一《いっ》丁目《め》（　）

② 包《ほう》□《ちょう》

できた!　月　日

世

5画《かく》　一《いち》の部《ぶ》

音　セイ　セ

訓　よ

筆順《ひつじゅん》　世 世 世 世 世

10回《かいか》書いてみよう

読《よ》み方《かた》と書《か》き方《かた》の問題《もんだい》

① 世の中《なか》（　）

② □《せ》界《かい》

できた!　月　日

両

6画《かく》　一《いち》の部《ぶ》

音　リョウ

訓　―

筆順《ひつじゅん》　両 両 両 両 両 両

10回《かいか》書いてみよう

読《よ》み方《かた》と書《か》き方《かた》の問題《もんだい》

① 両方《ほう》（　）

② 車《しゃ》□《りょう》

できた!　月　日

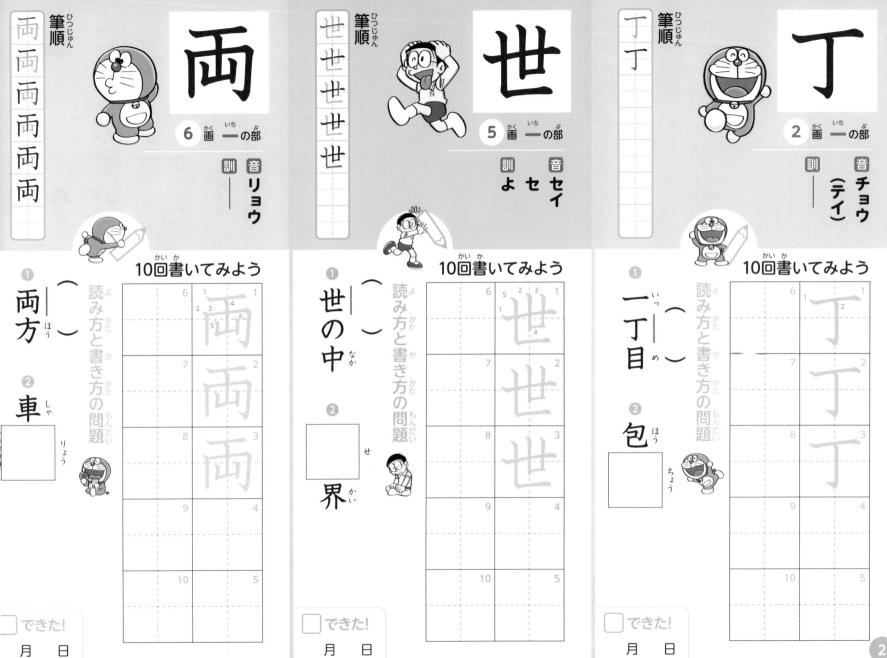

世

「世」は、5画の漢字。2画目を、3画目よりほんの少しだけ長く書くと、きれいに見えるよ。

乗

9画 ノの部

音 ジョウ
訓 のる
　　のせる

筆順

乗 乗 乗 乗 乗 乗 乗

読み方と書き方の問題

① バスに乗る

（　）

② じょう

☐ 客 きゃく

10回書いてみよう

6	1
7	2
8	3
9	4
10	5

☐ できた！

月　　日

主

5画 丶の部

音 シュ
　　（ス）
訓 ぬし
　　おも

筆順

主 主 主 主

読み方と書き方の問題

① 日本の主な山 やま

（　）

② しゅ

☐ 人公 じん こう

10回書いてみよう

6	1
7	2
8	3
9	4
10	5

☐ できた！

月　　日

仕

5画《かく》　イ《にんべん》の部《ぶ》

音　シ（ジ）

訓　つかえる

筆順《ひつじゅん》　仕 仕 仕 仕 仕

10回《かいか》書いてみよう

読《よ》み方《かた》と書《か》き方《かた》の問題《もんだい》

① 王《おう》に仕える（　　）

② □《し》組《く》み

□ できた!　月　日

事

8画《かく》　亅《はねぼう》の部《ぶ》

音　ジ（ズ）

訓　こと

筆順《ひつじゅん》　事 事 事 事 事 事 事 事

10回《かいか》書いてみよう

読《よ》み方《かた》と書《か》き方《かた》の問題《もんだい》

① 大切《たいせつ》な事がら（　　）

② □《じ》実《じつ》

□ できた!　月　日

予

4画《かく》　亅《はねぼう》の部《ぶ》

音　ヨ

訓　――

筆順《ひつじゅん》　予 予 予 予

10回《かいか》書いてみよう

読《よ》み方《かた》と書《か》き方《かた》の問題《もんだい》

① 今週《こんしゅう》の予定《てい》（　　）

② □《よ》習《しゅう》

□ できた!　月　日

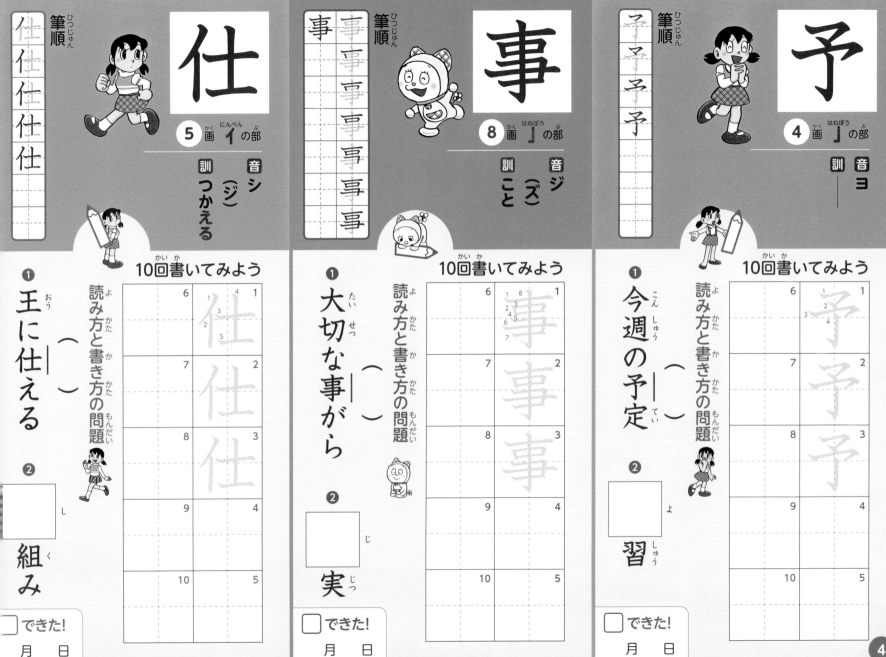

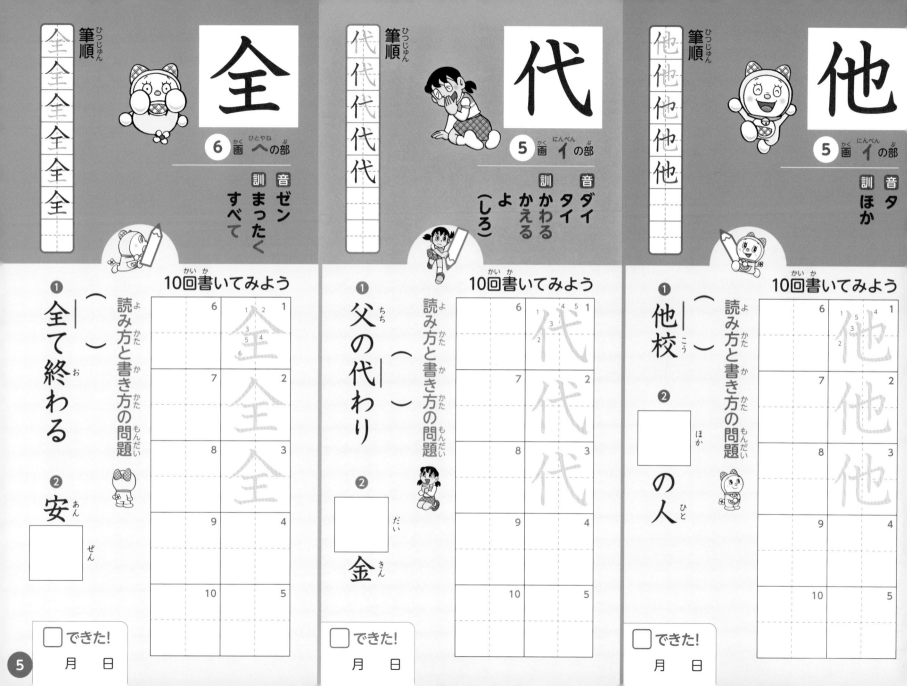

全

筆順《ひつじゅん》

6画《かく》 へ《ひとやね》の部《ぶ》

音 ゼン

訓 まったく　すべて

10回《かいか》書いてみよう

読《よ》み方《かた》と書《か》き方《かた》の問題《もんだい》

❶ 全て終《お》わる（　　）

❷ 安《あん》□《ぜん》

□ できた!
月　日

代

筆順《ひつじゅん》

5画《かく》 イ《にんべん》の部《ぶ》

音 ダイ　タイ

訓 かわる　かえる　よ　（しろ）

10回《かいか》書いてみよう

読《よ》み方《かた》と書《か》き方《かた》の問題《もんだい》

❶ 父《ちち》の代わり（　　）

❷ □《だい》金《きん》

□ できた!
月　日

他

筆順《ひつじゅん》

5画《かく》 イ《にんべん》の部《ぶ》

音 タ

訓 ほか

10回《かいか》書いてみよう

読《よ》み方《かた》と書《か》き方《かた》の問題《もんだい》

❶ 他校《こう》（　　）

❷ □《ほか》の人《ひと》

□ できた!
月　日

係

筆順《ひつじゅん》

9画《かく》　亻《にんべん》の部《ぶ》

音　ケイ

訓　かかる　かかり

10回《かい》書《か》いてみよう

読《よ》み方《かた》と書《か》き方《かた》の問題《もんだい》

① 努力《どりょく》に係る（　　）

② 関《かん》□《けい》

□ できた!　月　日

使

筆順《ひつじゅん》

8画《かく》　亻《にんべん》の部《ぶ》

音　シ

訓　つかう

10回《かい》書《か》いてみよう

読《よ》み方《かた》と書《か》き方《かた》の問題《もんだい》

① 水《みず》を使う（　　）

② □《し》用《よう》

□ できた!　月　日

住

筆順《ひつじゅん》

7画《かく》　亻《にんべん》の部《ぶ》

音　ジュウ

訓　すむ　すまう

10回《かい》書《か》いてみよう

読《よ》み方《かた》と書《か》き方《かた》の問題《もんだい》

① 町《まち》に住む（　　）

② □《じゅう》所《しょ》

□ できた!　月　日

係

「係」の3画目《かくめ》は、右《みぎ》から書《か》いて、さいごにはらうよ。横《よこ》ぼうにならないよう気《き》をつけよう。

具

8画《かく》　八《はち》の部《ぶ》

訓　―
音　グ

筆順《ひつじゅん》

10回《かいか》書いてみよう

読《よ》み方《かた》と書《か》き方《かた》の問題《もんだい》

① 具合《あい》がいい（　　）

② 文《ぶん》ぼう □《ぐ》

□ できた!　月　日

倍

10画《かく》　亻《にんべん》の部《ぶ》

訓　―
音　バイ

筆順《ひつじゅん》

10回《かいか》書いてみよう

読《よ》み方《かた》と書《か》き方《かた》の問題《もんだい》

① 二《に》倍の大《おお》きさ（　　）

② □《ばい》率《りつ》

□ できた!　月　日

写

筆順《ひつじゅん》

写 写 写 写 写

5 画《かく》 冖《わかんむり》の部《ぶ》

音 シャ

訓 うつす うつる

10回《かいか》書いてみよう

読《よ》み方《かた》と書《か》き方《かた》の問題《もんだい》

① 書《か》き写す（　）

② □《しゃ》真《しん》

□ できた!　月　日

列

筆順《ひつじゅん》

列 列 列 列 列 列

6 画《かく》 刂《りっとう》の部《ぶ》

音 レツ

訓 —

10回《かいか》書いてみよう

読《よ》み方《かた》と書《か》き方《かた》の問題《もんだい》

① 行《ぎょう》列（　）

② 日《に》本《ほん》□《れっ》島《とう》

□ できた!　月　日

助

筆順《ひつじゅん》

助 助 助 助 助 助 助

7 画《かく》 力《ちから》の部《ぶ》

音 ジョ

訓 たすける たすかる （すけ）

10回《かいか》書いてみよう

読《よ》み方《かた》と書《か》き方《かた》の問題《もんだい》

① 人《ひと》を助ける（　）

② □《じょ》走《そう》

□ できた!　月　日

勉

10画《かく》 力《ちから》の部《ぶ》

音 ベン

訓 ―

筆順《ひつじゅん》

10回《かい》書《か》いてみよう

読《よ》み方《かた》と書《か》き方《かた》の問題《もんだい》

① 勉学《がく》にはげむ（　）

② □《べん》強《きょう》

□ できた!　月　日

動

11画《かく》 力《ちから》の部《ぶ》

音 ドウ

訓 うごく　うごかす

筆順《ひつじゅん》

10回《かい》書《か》いてみよう

読《よ》み方《かた》と書《か》き方《かた》の問題《もんだい》

① 体《からだ》を動かす（　）

② □《どう》物《ぶつ》

□ できた!　月　日

勉

「勉」は、「乚」の中《なか》に「力」が入《はい》るように、「免」の8画目《かくめ》を横《よこ》にしっかりのばして書《か》こう。

やってみよう 読《よ》んでみよう 1

―の漢字《かんじ》の読《よ》みを、左《ひだり》のわくの中《なか》からえらんで書《か》こう。

① 横《よこ》丁（　　）

② 動く（　　）

③ 受《うけ》付《つけ》の係（　　）

④ 乗せる（　　）

⑤ 中《ちゅう》世（　　）

⑥ 全く（　　）同《おな》じ

⑦ 手《て》紙《がみ》の送《おく》り主（　　）

⑧ 写る（　　）

⑨ 住まう（　　）

⑩ 人《ひと》一《いち》倍（　　）

⑪ 交《こう》代（　　）

⑫ 助かる（　　）

まった　ばい　ちょう　せい
うつ　の　うご　たい
す　たす　ぬし　かかり

この中《なか》から読《よ》みをえらんで書《か》いてね。

やってみよう 書《か》いてみよう 1

□に正《ただ》しい漢字《かんじ》を書《か》こう。

❶ □《ほか》の品《しな》物《もの》

❷ 学《がっ》校《こう》行《ぎょう》□《じ》

❸ 整《せい》□《れつ》

❹ 絵《え》の□《ぐ》

❺ □《べん》強《きょう》

❻ □《りょう》手《て》

❼ □《し》上《あ》げ

❽ いい□《よ》感《かん》

❾ □《つか》い方《かた》

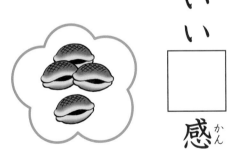

区

筆順《ひつじゅん》

区区区区

4画《かく》 匸《かくしがまえ》の部《ぶ》

音 ク

訓 ―

10回《かいか》書いてみよう

読《よ》み方《かた》と書《か》き方《かた》の問題《もんだい》

❶ 区別《べつ》する（　　）

❷ 地《ち》□《く》

□ できた!　月　日

化

筆順《ひつじゅん》

化化化化

4画《かく》 匕《ひ》の部《ぶ》

音 カ （ケ）

訓 ばける ばかす

10回《かいか》書いてみよう

読《よ》み方《かた》と書《か》き方《かた》の問題《もんだい》

❶ お化け（　　）

❷ 貝《かい》の□《か》石《せき》

□ できた!　月　日

勝

筆順《ひつじゅん》

勝勝勝勝勝勝勝勝勝勝勝勝

12画《かく》 力《ちから》の部《ぶ》

音 ショウ

訓 かつ （まさる）

10回《かいか》書いてみよう

読《よ》み方《かた》と書《か》き方《かた》の問題《もんだい》

❶ 試《し》合《あい》に勝つ（　　）

❷ □《しょう》負《ぶ》

□ できた!　月　日

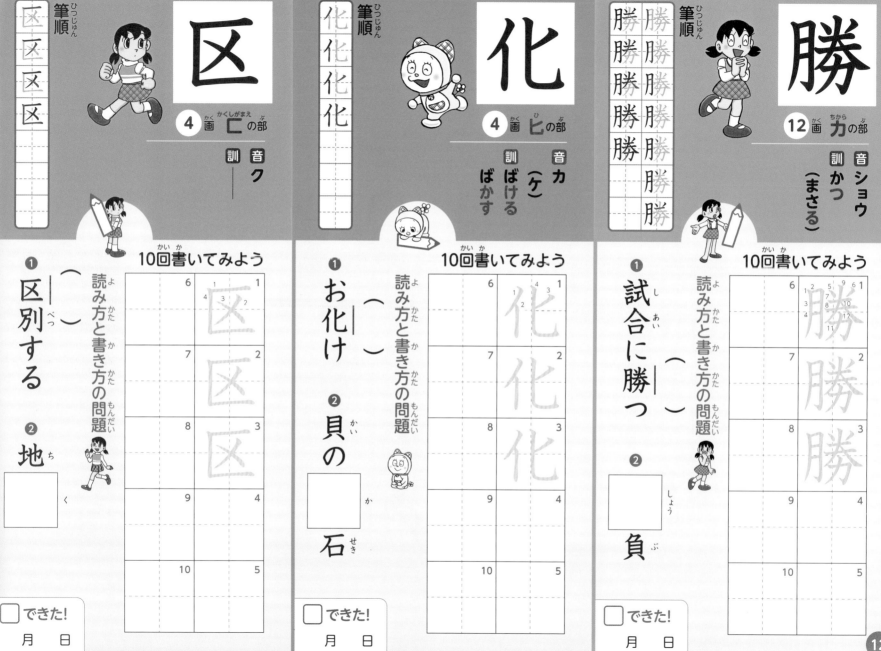

反

筆順《ひつじゅん》

反 反 反 反

4画《かく》 又《また》の部《ぶ》

音 ハン （ホン） （タン）

訓 そる そらす

10回《かい》書《か》いてみよう

読《よ》み方《かた》と書《か》き方《かた》の問題《もんだい》

❶ 体《からだ》を反らす（　　）

❷ □《はん》対《たい》

できた!
月　日

去

筆順《ひつじゅん》

去 去 去 去 去

5画《かく》 ム《む》の部《ぶ》

音 キョ コ

訓 さる

10回《かい》書《か》いてみよう

読《よ》み方《かた》と書《か》き方《かた》の問題《もんだい》

❶ 立《た》ち去る（　　）

❷ □《きょ》年《ねん》

できた!
月　日

医

筆順《ひつじゅん》

医 医 医 医 医 医 医

7画《かく》 匚《かくしがまえ》の部《ぶ》

音 イ

訓 ―

10回《かい》書《か》いてみよう

読《よ》み方《かた》と書《か》き方《かた》の問題《もんだい》

❶ 医者《しゃ》になる（　　）

❷ 歯《し》科《か》□《い》

できた!
月　日

号

筆順《ひつじゅん》

号 号 号 号 号

5画《かく》 口《くち》の部《ぶ》

音 ゴウ

訓 ―

10回《かいか》書いてみよう

1 2 3 4 5 6 7 8 9 10

読《よ》み方《かた》と書《か》き方《かた》の問題《もんだい》

① ト音《おん》記《き》号（　）

② 番《ばん》□ごう

□ できた!

月　日

受

筆順《ひつじゅん》

受 受 受 受 受 受 受 受

8画《かく》 又《また》の部《ぶ》

音 ジュ

訓 うける うかる

10回《かいか》書いてみよう

1 2 3 4 5 6 7 8 9 10

読《よ》み方《かた》と書《か》き方《かた》の問題《もんだい》

① 球《たま》を受ける（　）

② □じゅ 験《けん》

□ できた!

月　日

取

筆順《ひつじゅん》

取 取 取 取 取 取 取 取

8画《かく》 又《また》の部《ぶ》

音 シュ

訓 とる

10回《かいか》書いてみよう

1 2 3 4 5 6 7 8 9 10

読《よ》み方《かた》と書《か》き方《かた》の問題《もんだい》

① 百《ひゃく》点《てん》を取る（　）

② 先《せん》□しゅ 点《てん》

□ できた!

月　日

向

6画《かく》　口《くち》の部《ぶ》

音　コウ

訓　むく　むける　むかう　むこう

筆順《ひつじゅん》　向 向 向 向 向 向

10回《かい》書《か》いてみよう

読《よ》み方《かた》と書《か》き方《かた》の問題《もんだい》

❶ 前《まえ》を向く（　　）

❷ □《こう》上《じょう》心《しん》

□ できた!　月　日

君

7画《かく》　口《くち》の部《ぶ》

音　クン

訓　きみ

筆順《ひつじゅん》　君 君 君 君 君 君 君

10回《かい》書《か》いてみよう

読《よ》み方《かた》と書《か》き方《かた》の問題《もんだい》

❶ 君（　　）の名《な》

❷ のび太《た》□《くん》

□ できた!　月　日

向

「向」の1画目《かくめ》は、左下《ひだりした》にはらうよ。3画目《かくめ》は、1画目《かくめ》ではらった先《さき》とくっつくように書《か》こう。

和

筆順《ひつじゅん》

和 和 和 和 和 和 和 和

8画《かく》 口《くち》の部《ぶ》

音 ワ (オ)

訓 (やわらぐ) (やわらげる) (なごむ) (なごやか)

10回《かい》書《か》いてみよう

読《よ》み方《かた》と書《か》き方《かた》の問題《もんだい》

① 平《へい》和な世《せ》界《かい》 (　)

② □《わ》食《しょく》

□ できた!

月　日

命

筆順《ひつじゅん》

命 命 命 命 命 命 命 命

8画《かく》 口《くち》の部《ぶ》

音 メイ (ミョウ)

訓 いのち

10回《かい》書《か》いてみよう

読《よ》み方《かた》と書《か》き方《かた》の問題《もんだい》

① 人《ひと》の命 (　)

② 運《うん》□《めい》

□ できた!

月　日

味

筆順《ひつじゅん》

味 味 味 味 味 味 味 味

8画《かく》 口《くち》の部《ぶ》

音 ミ

訓 あじ あじわう

10回《かい》書《か》いてみよう

読《よ》み方《かた》と書《か》き方《かた》の問題《もんだい》

① 味 (　) 見《み》をする

② 意《い》□《み》

□ できた!

月　日

品

9画《かく》　口《くち》の部《ぶ》

音　ヒン

訓　しな

筆順《ひつじゅん》

10回《かい》書《か》いてみよう

読《よ》み方《かた》と書《か》き方《かた》の問題《もんだい》

① 品物《もの》を買《か》う（　　）

② 作《さく》□《ひん》

できた!　月　日

員

10画《かく》　口《くち》の部《ぶ》

音　イン

訓　―

筆順《ひつじゅん》

10回《かい》書《か》いてみよう

読《よ》み方《かた》と書《か》き方《かた》の問題《もんだい》

① 図《と》書《しょ》委《い》員（　　）

② 定《てい》□《いん》

できた!　月　日

味

「味」は、画《かく》数《すう》の少《すく》ない「口」を小《ちい》さめに書《か》いて、「未」をほっそりと書《か》くと、バランスが整《ととの》うよ。

坂

7画《かく》　土《つち》の部《ぶ》

音　(ハン)

訓　さか

筆順《ひつじゅん》　坂 坂 坂 坂 坂 坂 坂

10回《かいか》書いてみよう

読《よ》み方《かた》と書《か》き方《かた》の問題《もんだい》

❶ 坂道《みち》を上《のぼ》る（　　）

❷ 下《くだ》り□《ざか》

□ できた!　月　日

問

11画《かく》　口《くち》の部《ぶ》

音　モン

訓　とう　とい　とん

筆順《ひつじゅん》　問 問 問 問 問 問 問 問 問 問 問

10回《かいか》書いてみよう

読《よ》み方《かた》と書《か》き方《かた》の問題《もんだい》

❶ 問屋《や》（　　）

❷ 練《れん》習《しゅう》□《もん》題《だい》

□ できた!　月　日

商

11画《かく》　口《くち》の部《ぶ》

音　ショウ

訓　(あきなう)

筆順《ひつじゅん》　商 商 商 商 商 商 商 商 商 商 商

10回《かいか》書いてみよう

読《よ》み方《かた》と書《か》き方《かた》の問題《もんだい》

❶ 角《かど》の商店《てん》（　　）

❷ □《しょう》品《ひん》

□ できた!　月　日

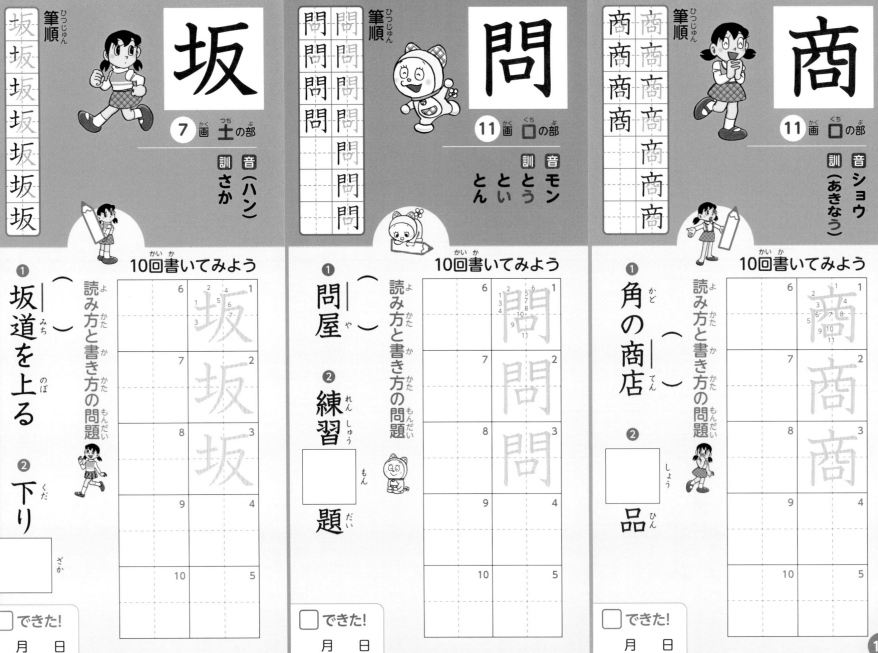

始

8画《かく》 女《おんな》の部《ぶ》

音 シ

訓 はじめる　はじまる

筆順《ひつじゅん》

10回《かい》書《か》いてみよう

読《よ》み方《かた》と書《か》き方《かた》の問題《もんだい》

❶ 会《かい》を始める（　　）

❷ 開《かい》□《し》

□できた!　月　日

委

8画《かく》 女《おんな》の部《ぶ》

音 イ

訓 ゆだねる

筆順《ひつじゅん》

10回《かい》書《か》いてみよう

読《よ》み方《かた》と書《か》き方《かた》の問題《もんだい》

❶ 先《せん》生《せい》に委ねる（　　）

❷ □《い》員《いん》

□できた!　月　日

央

5画《かく》 大《だい》の部《ぶ》

音 オウ

訓 ―

筆順《ひつじゅん》

10回《かい》書《か》いてみよう

読《よ》み方《かた》と書《か》き方《かた》の問題《もんだい》

❶ 県《けん》央地《ち》区《く》（　　）

❷ 中《ちゅう》□《おう》

□できた!　月　日

やってみよう 読《よ》んでみよう 2

―の漢字《かんじ》の読《よ》みを、左《ひだり》のわくの中《なか》からえらんで書《か》こう。

❶ 問う（　　）

❷ 受かる（　　）

❸ 味わう（　　）

❹ 化かす（　　）

❺ 命じる（　　）

❻ 医院《いん》（　　）

❼ 委細《さい》（　　）

❽ 過《か》去（　　）

❾ 板《いた》が反る（　　）

❿ 向かう（　　）

⓫ 君の本《ほん》（　　）

⓬ 始まる（　　）

ば　あじ　と　そ
めい　い　きみ　む
う　はじ　い　こ

この中《なか》から読《よ》みをえらんで書《か》いてね。

やってみよう 書《か》いてみよう 2

□に正《ただ》しい漢字《かんじ》を書《か》こう。

① □《か》ち負《ま》け

② □《しょう》売《ばい》

③ □《わ》風《ふう》と洋《よう》風《ふう》

④ 第《だい》一《いち》□《ごう》

⑤ □《さか》の上《うえ》

⑥ 加《か》工《こう》食《しょく》□《ひん》

⑦ □《と》り入《い》れる

⑧ □《く》役《やく》所《しょ》

⑨ 町《まち》の中《ちゅう》□《おう》

⑩ クラブ会《かい》□《いん》

実

8画《かく》　宀《うかんむり》の部《ぶ》

音　ジツ

訓　み　みのる

筆順《ひつじゅん》　実 実 実 実 実 実 実 実

10回《かいか》書いてみよう

読《よ》み方《かた》と書《か》き方《かた》の問題《もんだい》

❶ モモが実る（　　）

❷ 現《げん》□《じつ》

□ できた!　月　日

守

6画《かく》　宀《うかんむり》の部《ぶ》

音　シュ　ス

訓　まもる　（もり）

筆順《ひつじゅん》　守 守 守 守 守 守

10回《かいか》書いてみよう

読《よ》み方《かた》と書《か》き方《かた》の問題《もんだい》

❶ 留《る》守番《ばん》（　　）

❷ □《まも》り神《がみ》

□ できた!　月　日

安

6画《かく》　宀《うかんむり》の部《ぶ》

音　アン

訓　やすい

筆順《ひつじゅん》　安 安 安 安 安 安

10回《かいか》書いてみよう

読《よ》み方《かた》と書《か》き方《かた》の問題《もんだい》

❶ パンが安い（　　）

❷ □《あん》心《しん》

□ できた!　月　日

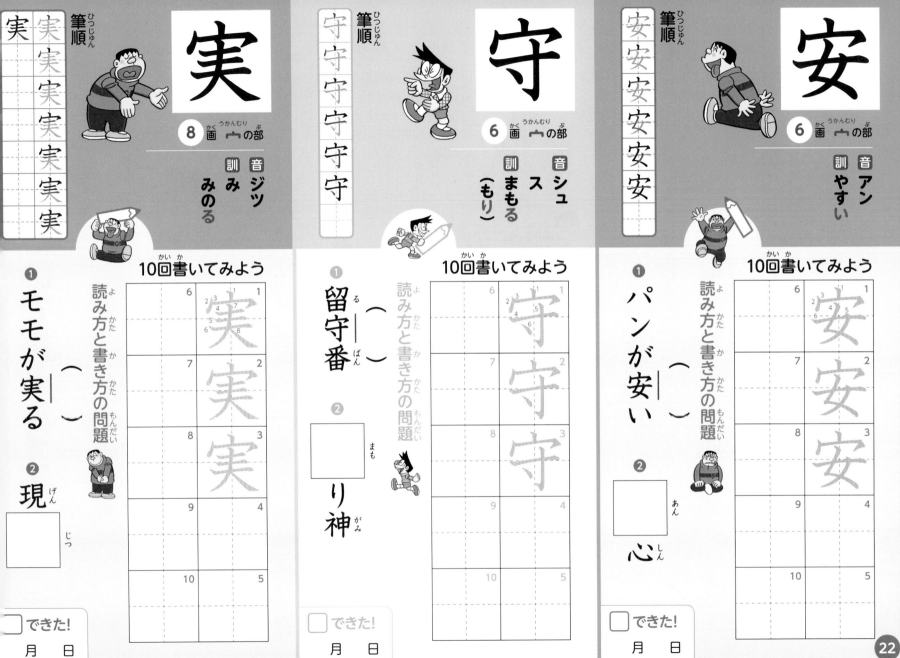

定

8画《かく》　宀《うかんむり》の部《ぶ》

音　テイ　ジョウ

訓　さだめる　さだまる　（さだか）

筆順《ひつじゅん》

定　定　定　定　定　定　定　定

10回《かいか》書いてみよう

読《よ》み方《かた》と書《か》き方《かた》の問題《もんだい》

① 法《ほう》を定める（　　）

② □《じょう》規《ぎ》

□ できた!　月　日

客

9画《かく》　宀《うかんむり》の部《ぶ》

音　キャク　（カク）

訓　―

筆順《ひつじゅん》

客　客　客　客　客　客　客　客　客

10回《かいか》書いてみよう

読《よ》み方《かた》と書《か》き方《かた》の問題《もんだい》

① お客さん（　　）

② 乗《じょう》□《きゃく》

□ できた!　月　日

実

「実」の横《よこ》ぼうは3本《ぼん》。横《よこ》ぼうやたてぼうが3本《ぼん》以《い》上《じょう》あるときには、ぼうの間《あいだ》を同《おな》じはばにして書《か》こう。きれいに見《み》えるよ。

宮

10画《かく》 宀《うかんむり》の部《ぶ》

音 キュウ （グウ） （ク）

訓 みや

筆順《ひつじゅん》

10回《かい》書《か》いてみよう

読《よ》み方《かた》と書《か》き方《かた》の問題《もんだい》

① お宮まいり （　　）

② 王《おう》□《きゅう》

□ できた!　月　日

宿

11画《かく》 宀《うかんむり》の部《ぶ》

音 シュク

訓 やど やどる やどす

筆順《ひつじゅん》

10回《かい》書《か》いてみよう

読《よ》み方《かた》と書《か》き方《かた》の問題《もんだい》

① 雨《あま》宿り （　　）

② クラブの合《がっ》□《しゅく》

□ できた!　月　日

寒

12画《かく》 宀《うかんむり》の部《ぶ》

音 カン

訓 さむい

筆順《ひつじゅん》

10回《かい》書《か》いてみよう

読《よ》み方《かた》と書《か》き方《かた》の問題《もんだい》

① 寒い （　　）

② □《かん》気《き》

□ できた!　月　日

寒

「寒」は、横《よこ》ぼう3本《ぼん》に、たてぼう2本《ほん》。「横《よこ》・たて・たて・横《よこ》・横《よこ》」の筆順《ひつじゅん》にも気《き》をつけてね。

局

7画《かく》 尸《しかばね》の部《ぶ》

音 キョク

訓 —

筆順《ひつじゅん》

局 局 局 局 局 局 局

10回《かいか》書いてみよう

局 局 局

読《よ》み方《かた》と書《か》き方《かた》の問題《もんだい》

① 局面《めん》（　　）

② 薬《やっ》□（きょく）

□ できた！　月　日

対

7画《かく》 寸《すん》の部《ぶ》

音 タイ（ツイ）

訓 —

筆順《ひつじゅん》

対 対 対 対 対 対 対

10回《かいか》書いてみよう

対 対 対

読《よ》み方《かた》と書《か》き方《かた》の問題《もんだい》

① 対等《とう》な立場《たちば》（　　）

② 反《はん》□（たい）

□ できた！　月　日

島

10画《かく》 山《やま》の部《ぶ》

音 トウ

訓 しま

筆順《ひつじゅん》

10回《かいか》書いてみよう

読《よ》み方《かた》と書《か》き方《かた》の問題《もんだい》

① 小《ちい》さな島（　）

② 日《に》本《ほん》列《れっ》□《とう》

□ できた!

月　日

岸

8画《かく》 山《やま》の部《ぶ》

音 ガン

訓 きし

筆順《ひつじゅん》

10回《かいか》書いてみよう

読《よ》み方《かた》と書《か》き方《かた》の問題《もんだい》

① 川《かわ》の岸辺《べ》（　）

② 対《たい》□《がん》

□ できた!

月　日

屋

9画《かく》 尸《しかばね》の部《ぶ》

音 オク

訓 や

筆順《ひつじゅん》

10回《かいか》書いてみよう

読《よ》み方《かた》と書《か》き方《かた》の問題《もんだい》

① 家《いえ》の屋根《ね》（　）

② □《おく》上《じょう》

□ できた!

月　日

州

6画《かく》　川《かわ》の部《ぶ》

音　シュウ

訓　（す）

筆順《ひつじゅん》

州 州 州 州 州 州

10回《かいか》書いてみよう

読《よ》み方《かた》と書《か》き方《かた》の問題《もんだい》

① 九《きゅう》州《しゅう》（　）地《ち》方《ほう》

② 本《ほん》□《しゅう》

□ できた!　月　日

帳

11画《かく》　巾《はば》の部《ぶ》

音　チョウ

訓　―

筆順《ひつじゅん》

帳 帳 帳 帳 帳 帳 帳 帳 帳 帳 帳

10回《かいか》書いてみよう

読《よ》み方《かた》と書《か》き方《かた》の問題《もんだい》

① 日《にっ》記《き》帳（　）

② 手《て》□《ちょう》

□ できた!　月　日

平

5画《かく》　干《かん》の部《ぶ》

音　ヘイ　ビョウ

訓　たいら　ひら

筆順《ひつじゅん》

平 平 平 平 平

10回《かいか》書いてみよう

読《よ》み方《かた》と書《か》き方《かた》の問題《もんだい》

① 平（　）らな土《と》地《ち》

② □《びょう》等《どう》

□ できた!　月　日

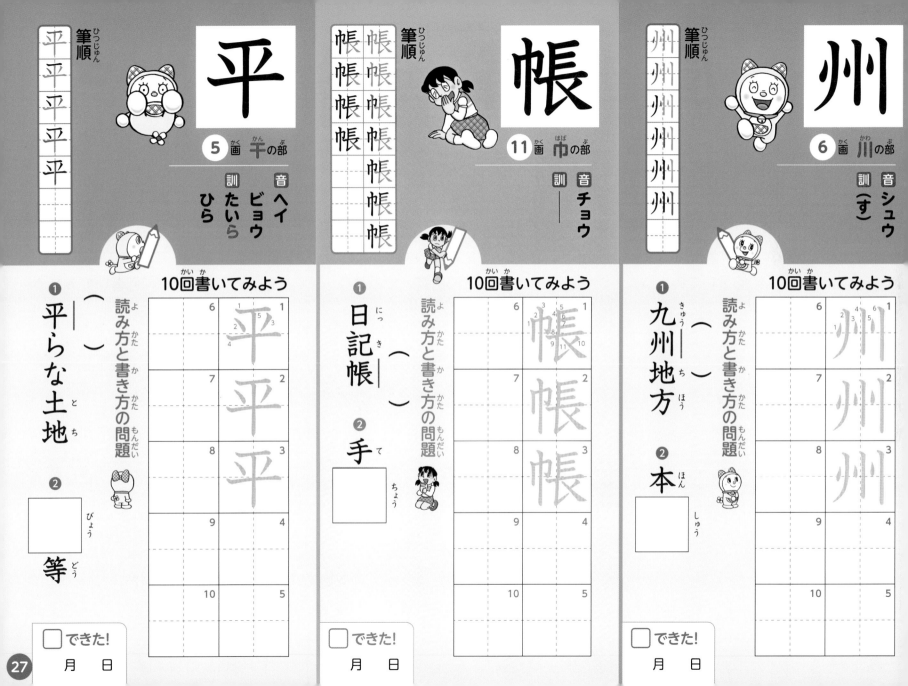

幸

8画《かく》 干《かん》の部《ぶ》

音 コウ

訓 さいわい (さち) しあわせ

筆順《ひつじゅん》

10回《かい》書《か》いてみよう

読《よ》み方《かた》と書《か》き方《かた》の問題《もんだい》

① 不《ふ》幸中《ちゅう》の幸い （　）（　）

② □《しあわ》せ

□ できた!

月　日

度

9画《かく》 广《まだれ》の部《ぶ》

音 ド (ト) (タク)

訓 (たび)

筆順《ひつじゅん》

10回《かい》書《か》いてみよう

読《よ》み方《かた》と書《か》き方《かた》の問題《もんだい》

① 一《いっ》生《しょう》に一《いち》度 （　）

② 角《かく》□《ど》

□ できた!

月　日

庫

10画《かく》 广《まだれ》の部《ぶ》

音 コ (ク)

訓 —

筆順《ひつじゅん》

10回《かい》書《か》いてみよう

読《よ》み方《かた》と書《か》き方《かた》の問題《もんだい》

① 学《がっ》級《きゅう》文《ぶん》庫 （　）

② 車《しゃ》□《こ》

□ できた!

月　日

幸

「幸」の下部分《したぶぶん》の横《よこ》ぼうは2本《ほん》だよ。上《うえ》が長《なが》くて、下《した》が短《みじか》いよ。「羊」の形《かたち》にならないようにね。

式

6画《かく》 弋《しきがまえ》の部《ぶ》

音 シキ

訓 ―

筆順《ひつじゅん》

式 式 式 式 式 式

10回《かい》書《か》いてみよう

1 2 3 4 5 6 7 8 9 10

読《よ》み方《かた》と書《か》き方《かた》の問題《もんだい》

① 入《にゅう》学《がく》式（　）

② 形《けい》□しき

できた!

月　日

庭

10画《かく》 广《まだれ》の部《ぶ》

音 テイ

訓 にわ

筆順《ひつじゅん》

庭 庭 庭 庭 庭 庭 庭 庭 庭 庭

10回《かい》書《か》いてみよう

1 2 3 4 5 6 7 8 9 10

読《よ》み方《かた》と書《か》き方《かた》の問題《もんだい》

① 学《がっ》校《こう》の中《なか》庭（　）

② 家《か》□てい

できた!

月　日

役

7画《かく》　彳《ぎょうにんべん》の部《ぶ》

筆順《ひつじゅん》

音　ヤク　（エキ）

訓　―

10回《かいか》書いてみよう

読《よ》み方《かた》と書《か》き方《かた》の問題《もんだい》

① 市《し》役（　）所《しょ》

② 主《しゅ》□《やく》

□できた!　月　日

待

9画《かく》　彳《ぎょうにんべん》の部《ぶ》

筆順《ひつじゅん》

音　タイ

訓　まつ

10回《かいか》書いてみよう

読《よ》み方《かた》と書《か》き方《かた》の問題《もんだい》

① バスを待（　）つ

② 期《き》□《たい》

□できた!　月　日

苦

8画《かく》　艹《くさかんむり》の部《ぶ》

筆順《ひつじゅん》

音　ク

訓　くるしい　くるしむ　くるしめる　にがい　にがる

10回《かいか》書いてみよう

読《よ》み方《かた》と書《か》き方《かた》の問題《もんだい》

① 苦（　）い薬《くすり》

② □《く》心《しん》する

□できた!　月　日

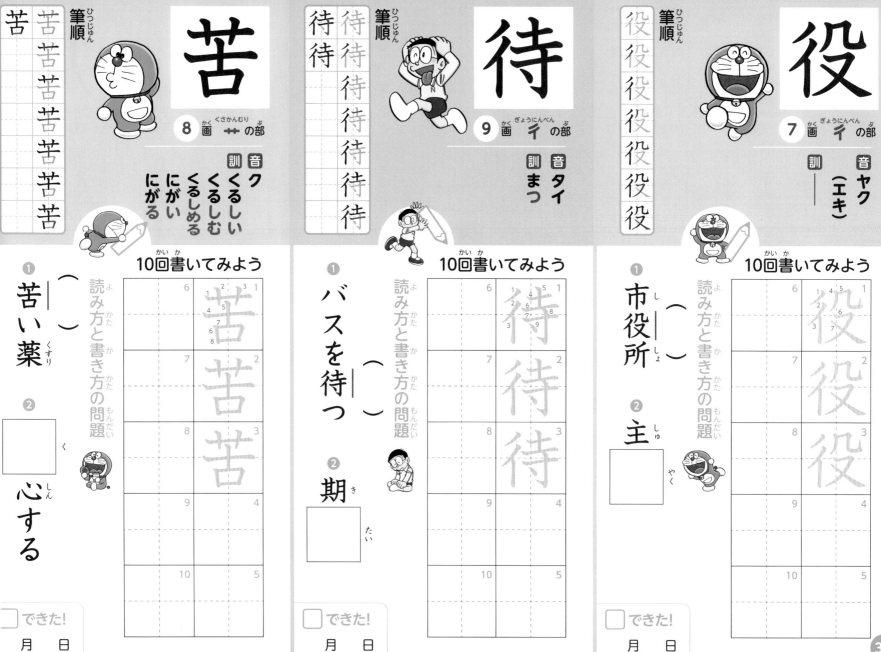

荷

10画《かく》 艹《くさかんむり》の部《ぶ》

音 （カ）

訓 に

筆順《ひつじゅん》

10回《かい》書《か》いてみよう

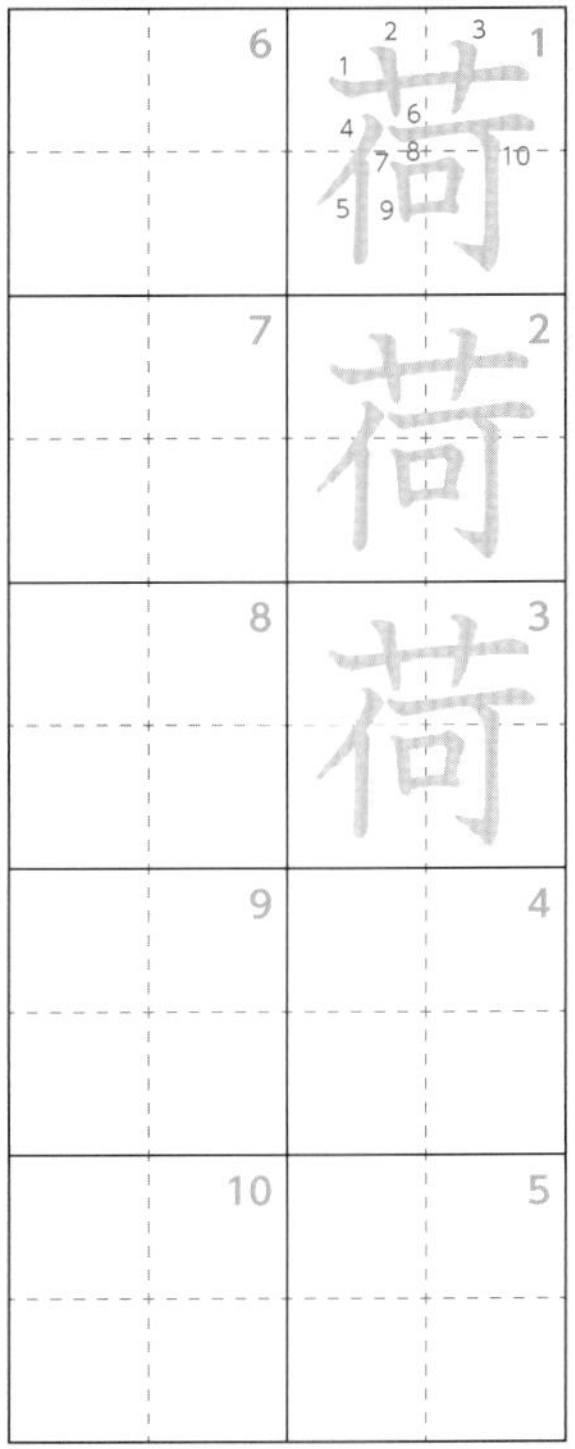

読《よ》み方《かた》と書《か》き方《かた》の問題《もんだい》

① トラックの荷台《だい》（　）

② □《に》物《もつ》

できた!　月　日

葉

12画《かく》 艹《くさかんむり》の部《ぶ》

音 ヨウ

訓 は

筆順《ひつじゅん》

10回《かい》書《か》いてみよう

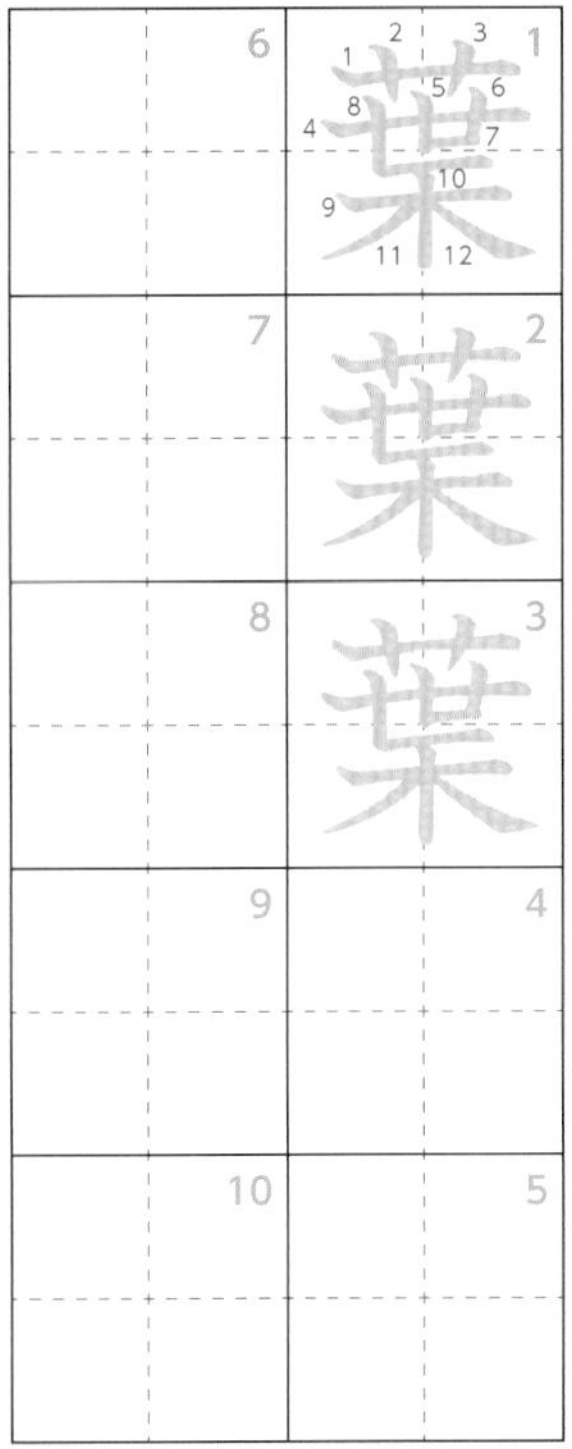

読《よ》み方《かた》と書《か》き方《かた》の問題《もんだい》

① 葉っぱ（　）

② 落《らく》□《よう》する

できた!　月　日

彳

「役」「待」の左《ひだり》がわは「彳《ぎょうにんべん》」だよ。左《ひだり》はらいが2本《ほん》以上《いじょう》の場合《ばあい》、はらいが少《すこ》し広《ひろ》がるように書《か》こう。

やってみよう 読《よ》んでみよう3

―の漢字《かんじ》の読《よ》みを、左《ひだり》のわくの中《なか》からえらんで書《か》こう。

① 木《こ》の実（　）

② 海《かい》岸（　）

③ 苦しい（　）

④ 王《おう》宮（　）

⑤ 積《つ》み荷（　）

⑥ 決《けつ》定（　）

⑦ 平日《じつ》（　）

⑧ 安売《う》り（　）

⑨ 郵《ゆう》便《びん》局（　）

⑩ 宿にとまる（　）

⑪ 学《がく》習《しゅう》帳（　）

⑫ 対決《けつ》（　）

⑬ フロリダ州（　）

⑭ 保《ほ》守（　）

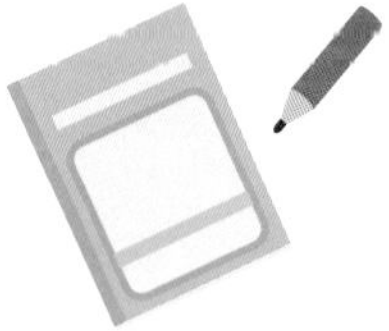

きゅう　がん　くる　やす　に　ちょう　み

たい　へい　きょく　しゅ　やど　しゅう　てい

この中《なか》から読《よ》みをえらんで書《か》いてね。

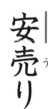

やってみよう 書《か》いてみよう 3

□に正《ただ》しい漢字《かんじ》を書《か》こう。

① 木《こ》の□《は》

② □《さいわ》い

③ お□《きゃく》様《さま》

④ 足《た》し算《ざん》の□《しき》

⑤ □《しま》国《ぐに》

⑥ 山《やま》小《ご》□《や》

⑦ 校《こう》□《てい》

⑧ □《ま》ち合《あ》わせ

⑨ □《さむ》空《ぞら》

⑩ 室《しつ》内《ない》の温《おん》□《ど》

⑪ □《やく》に立《た》つ

⑫ 金《きん》□《こ》

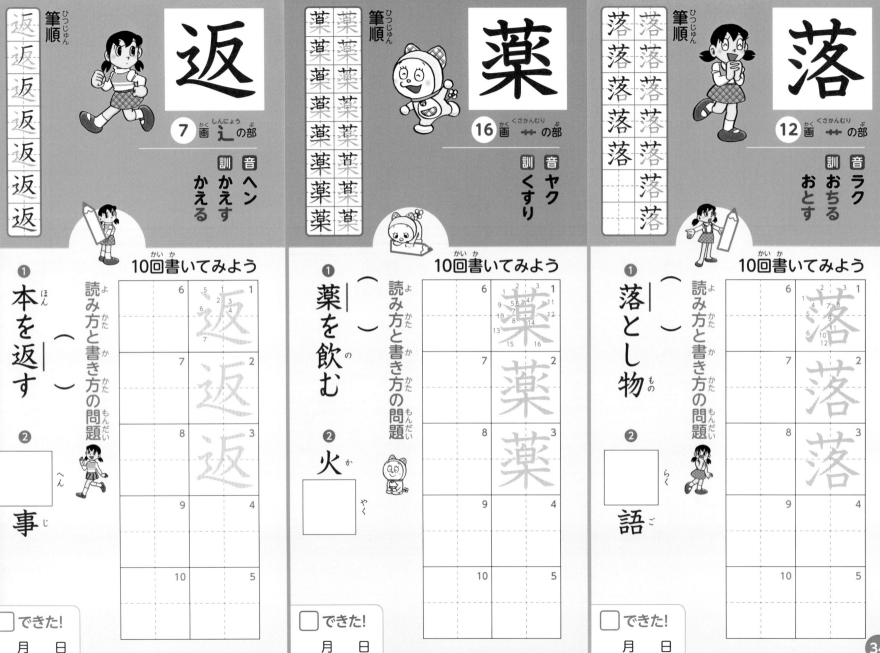

返

筆順《ひつじゅん》
返 返 返 返 返 返 返

7画《かく》 辶《しんにょう》の部《ぶ》

音 ヘン
訓 かえす かえる

10回《かいか》書いてみよう

読《よ》み方《かた》と書《か》き方《かた》の問題《もんだい》

① 本《ほん》を返す（　　）

② □《へん》事《じ》

できた!　月　日

薬

筆順《ひつじゅん》
薬 薬 薬 薬 薬 薬 薬 薬 薬 薬 薬 薬 薬 薬 薬 薬

16画《かく》 艹《くさかんむり》の部《ぶ》

音 ヤク
訓 くすり

10回《かいか》書いてみよう

読《よ》み方《かた》と書《か》き方《かた》の問題《もんだい》

① 薬（　　）を飲《の》む

② 火《か》□《やく》

できた!　月　日

落

筆順《ひつじゅん》
落 落 落 落 落 落 落 落 落 落 落 落

12画《かく》 艹《くさかんむり》の部《ぶ》

音 ラク
訓 おちる おとす

10回《かいか》書いてみよう

読《よ》み方《かた》と書《か》き方《かた》の問題《もんだい》

① 落（　　）とし物《もの》

② □《らく》語《ご》

できた!　月　日

送

9画《かく》 ⻌《しんにょう》の部《ぶ》

音 ソウ

訓 おくる

筆順《ひつじゅん》

10回《かいか》書いてみよう

読《よ》み方《かた》と書《か》き方《かた》の問題《もんだい》

① 手《て》紙《がみ》を送る（　　）

② 発《はっ》□《そう》

□ できた!　月　日

追

9画《かく》 ⻌《しんにょう》の部《ぶ》

音 ツイ

訓 おう

筆順《ひつじゅん》

10回《かいか》書いてみよう

読《よ》み方《かた》と書《か》き方《かた》の問題《もんだい》

① 追いかける（　　）

② □《つい》放《ほう》

□ できた!　月　日

速

10画《かく》 ⻌《しんにょう》の部《ぶ》

音 ソク

訓 はやい　はやめる　はやまる　（すみやか）

筆順《ひつじゅん》

10回《かいか》書いてみよう

読《よ》み方《かた》と書《か》き方《かた》の問題《もんだい》

① 足《あし》が速い（　　）

② □《そく》度《ど》

□ できた!　月　日

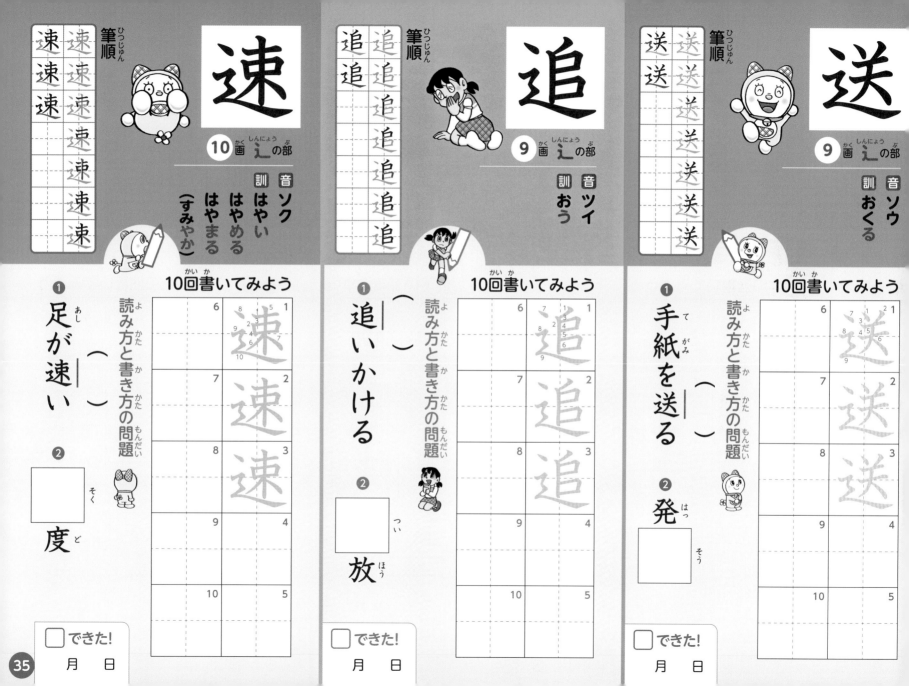

遊

筆順《ひつじゅん》

12画《かく》 辶《しんにょう》の部《ぶ》

音 ユウ （ユ）

訓 あそぶ

10回《かい》書《か》いてみよう

読《よ》み方《かた》と書《か》き方《かた》の問題《もんだい》

① 校庭《こうてい》で遊ぶ（　　）

② □《ゆう》具《ぐ》

□ できた!

月　日

運

筆順《ひつじゅん》

12画《かく》 辶《しんにょう》の部《ぶ》

音 ウン

訓 はこぶ

10回《かい》書《か》いてみよう

読《よ》み方《かた》と書《か》き方《かた》の問題《もんだい》

① 荷物《にもつ》を運ぶ（　　）

② □《うん》動《どう》会《かい》

□ できた!

月　日

進

筆順《ひつじゅん》

11画《かく》 辶《しんにょう》の部《ぶ》

音 シン

訓 すすむ すすめる

10回《かい》書《か》いてみよう

読《よ》み方《かた》と書《か》き方《かた》の問題《もんだい》

① 前《まえ》へ進む（　　）

② 行《こう》□《しん》

□ できた!

月　日

都

11画《かく》 阝《おおざと》の部《ぶ》

音 ト ツ

訓 みやこ

筆順《ひつじゅん》

都 都 都 都 都 都 都 都 都 都 都

10回《かい》書《か》いてみよう

読《よ》み方《かた》と書《か》き方《かた》の問題《もんだい》

① 音楽《おんがく》の都（　　）

② □《つ》合《ごう》

□できた!　月　日

部

11画《かく》 阝《おおざと》の部《ぶ》

音 ブ

訓 ―

筆順《ひつじゅん》

部 部 部 部 部 部 部 部 部 部 部

10回《かい》書《か》いてみよう

読《よ》み方《かた》と書《か》き方《かた》の問題《もんだい》

① 全《ぜん》部（　　）食《た》べる

② □《ぶ》首《しゅ》

□できた!　月　日

「進」「運」「遊」などの「辶《しんにょう》」は、3画《かく》で書《か》くよ。1画目《かくめ》の点《てん》と、2画目《かくめ》の角《かど》をそろえて書《か》こう。

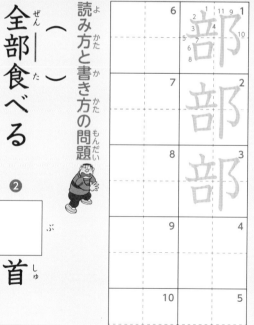

陽

12画《かく》　阝の部《こざとへん　ぶ》

音　ヨウ
訓　―

筆順《ひつじゅん》
陽 陽 陽 陽 陽 陽 陽 陽 陽 陽 陽 陽

10回《かいか》書いてみよう

読《よ》み方《かた》と書《か》き方《かた》の問題《もんだい》

① 陽（　　）気《き》な人《ひと》

② 太《たい》□《よう》

□ できた!
月　日

階

12画《かく》　阝の部《こざとへん　ぶ》

音　カイ
訓　―

筆順《ひつじゅん》
階 階 階 階 階 階 階 階 階 階 階 階

10回《かいか》書いてみよう

読《よ》み方《かた》と書《か》き方《かた》の問題《もんだい》

① 二《に》階（　　）の部屋《へや》

② □《かい》級《きゅう》

□ できた!
月　日

院

10画《かく》　阝の部《こざとへん　ぶ》

音　イン
訓　―

筆順《ひつじゅん》
院 院 院 院 院 院 院 院 院 院

10回《かいか》書いてみよう

読《よ》み方《かた》と書《か》き方《かた》の問題《もんだい》

① 古《ふる》い寺《じ》院（　　）

② 病《びょう》□《いん》

□ できた!
月　日

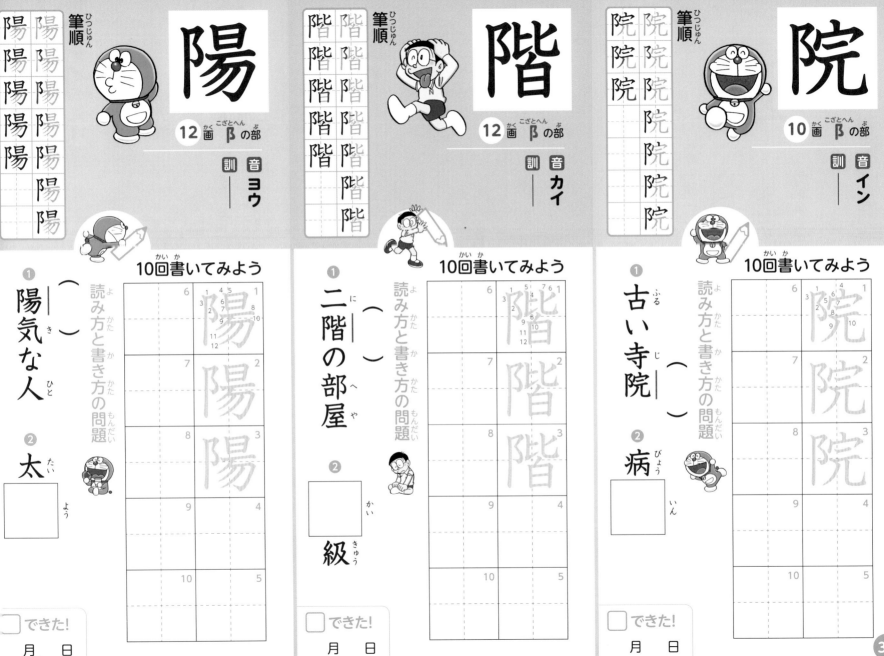

急

9画《かく》 心《こころ》の部《ぶ》

音 キュウ
訓 いそぐ

筆順《ひつじゅん》

急 急 急 急 急 急 急 急 急

10回《かい》書《か》いてみよう

読《よ》み方《かた》と書《か》き方《かた》の問題《もんだい》

① 急（　）いで行《い》く

② □《きゅう》用《よう》

□ できた!
月　日

息

10画《かく》 心《こころ》の部《ぶ》

音 ソク
訓 いき

筆順《ひつじゅん》

息 息 息 息 息 息 息 息 息 息

10回《かい》書《か》いてみよう

読《よ》み方《かた》と書《か》き方《かた》の問題《もんだい》

① 息（　）切《ぎ》れする

② 休《きゅう》□《そく》

□ できた!
月　日

阝

「院」「階」「陽」の「阝《こざとへん》」は、3画《かく》で書《か》くよ。1画目《かくめ》と2画目《かくめ》の、形《かたち》のちがいに気《き》をつけてね。

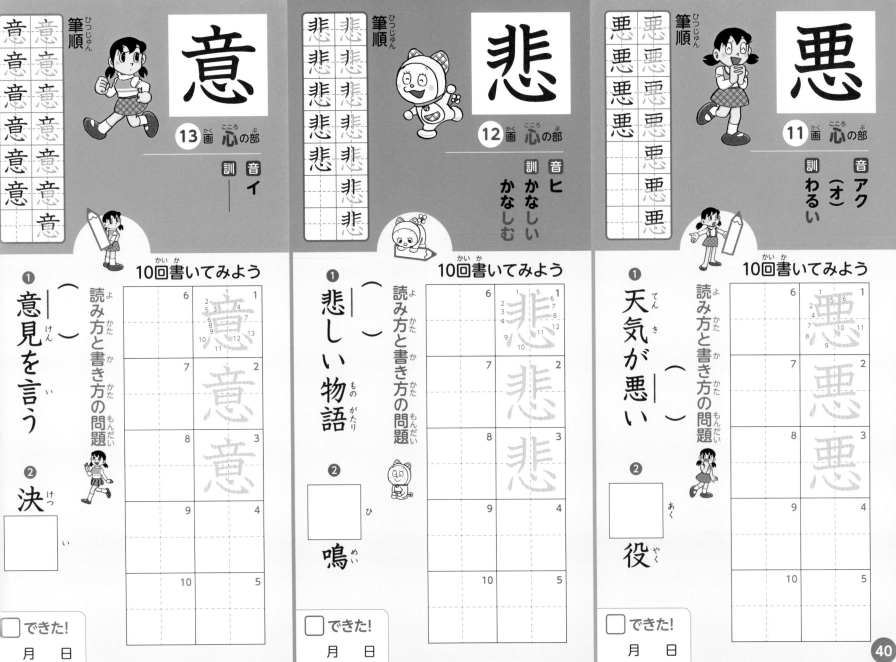

悪

11画《かく》　心《こころ》の部《ぶ》

音　アク　（オ）

訓　わるい

筆順《ひつじゅん》

10回《かいか》書いてみよう

読《よ》み方《かた》と書《か》き方《かた》の問題《もんだい》

❶ 天《てん》気《き》が悪い（　　）

❷ □《あく》役《やく》

□ できた!　月　日

悲

12画《かく》　心《こころ》の部《ぶ》

音　ヒ

訓　かなしい　かなしむ

筆順《ひつじゅん》

10回《かいか》書いてみよう

読《よ》み方《かた》と書《か》き方《かた》の問題《もんだい》

❶ 悲しい物《もの》語《がたり》（　　）

❷ □《ひ》鳴《めい》

□ できた!　月　日

意

13画《かく》　心《こころ》の部《ぶ》

音　イ

訓　―

筆順《ひつじゅん》

10回《かいか》書いてみよう

読《よ》み方《かた》と書《か》き方《かた》の問題《もんだい》

❶ 意見《けん》を言《い》う（　　）

❷ 決《けつ》□《い》

□ できた!　月　日

感

13画《かく》　心《こころ》の部《ぶ》

音　カン

訓　—

筆順《ひつじゅん》

10回《かい》書《か》いてみよう

読《よ》み方《かた》と書《か》き方《かた》の問題《もんだい》

① 熱《ねつ》を感じる（　）

② □《かん》動《どう》

□ できた!　月　日

想

13画《かく》　心《こころ》の部《ぶ》

音　ソウ　（ソ）

訓　—

筆順《ひつじゅん》

10回《かい》書《か》いてみよう

読《よ》み方《かた》と書《か》き方《かた》の問題《もんだい》

① 感《かん》想（　）を言《い》う

② 予《よ》□《そう》

□ できた!　月　日

所

8画《かく》　戸《と》の部《ぶ》

音　ショ

訓　ところ

筆順《ひつじゅん》

10回《かい》書《か》いてみよう

読《よ》み方《かた》と書《か》き方《かた》の問題《もんだい》

① 家《いえ》のある所（　）

② 住《じゅう》□《しょ》

□ できた!　月　日

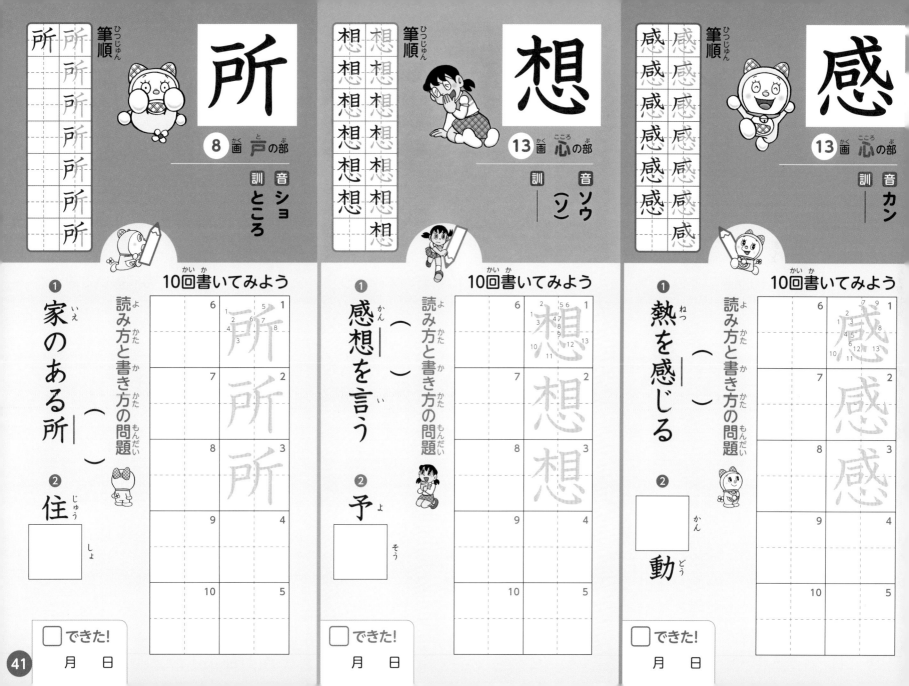

指

9画《かく》　扌《てへん》の部《ぶ》

音　シ

訓　ゆび　さす

筆順《ひつじゅん》

10回《かいか》書いてみよう

読《よ》み方《かた》と書《か》き方《かた》の問題《もんだい》

① 北《きた》を指す（　　）

② □《し》定《てい》

□ できた!　　月　　日

投

7画《かく》　扌《てへん》の部《ぶ》

音　トウ

訓　なげる

筆順《ひつじゅん》

10回《かいか》書いてみよう

読《よ》み方《かた》と書《か》き方《かた》の問題《もんだい》

① 石《いし》を投げる（　　）

② □《とう》手《しゅ》

□ できた!　　月　　日

打

5画《かく》　扌《てへん》の部《ぶ》

音　ダ

訓　うつ

筆順《ひつじゅん》

10回《かいか》書いてみよう

読《よ》み方《かた》と書《か》き方《かた》の問題《もんだい》

① 手《て》を打つ（　　）

② □《だ》楽《がっ》器《き》

□ できた!　　月　　日

持

9画《かく》　扌《てへん》の部《ぶ》

音　ジ

訓　もつ

筆順《ひつじゅん》

10回《かい》書《か》いてみよう

読《よ》み方《かた》と書《か》き方《かた》の問題《もんだい》

① 手《て》に持っ（　）

② □《じ》参《さん》

できた！
月　日

拾

9画《かく》　扌《てへん》の部《ぶ》

音　（シュウ）（ジュウ）

訓　ひろう

筆順《ひつじゅん》

10回《かい》書《か》いてみよう

読《よ》み方《かた》と書《か》き方《かた》の問題《もんだい》

① 石《いし》を拾う（　）

② 命《いのち》□《びろ》い

できた！
月　日

「扌《てへん》」の2画目《かくめ》は、しっかりはねると、かっこいいよ。3画目《かくめ》は、右上《みぎうえ》に向《む》かってはらおう。

やってみよう　読《よ》んでみよう 4

―の漢字《かんじ》の読《よ》みを、左《ひだり》のわくの中《なか》からえらんで書《か》こう。

① 感心《しん》（　　）
② 投入《にゅう》（　　）
③ 遊園《えん》地《ち》（　　）
④ 落ちる（　　）
⑤ 速める（　　）
⑥ 首《しゅ》都（　　）
⑦ 悲しむ（　　）
⑧ ふり返る（　　）
⑨ 音《おん》階（　　）
⑩ 院長《ちょう》（　　）
⑪ 市《し》役《やく》所（　　）
⑫ 進める（　　）
⑬ 太《たい》陽（　　）
⑭ 親《おや》指（　　）

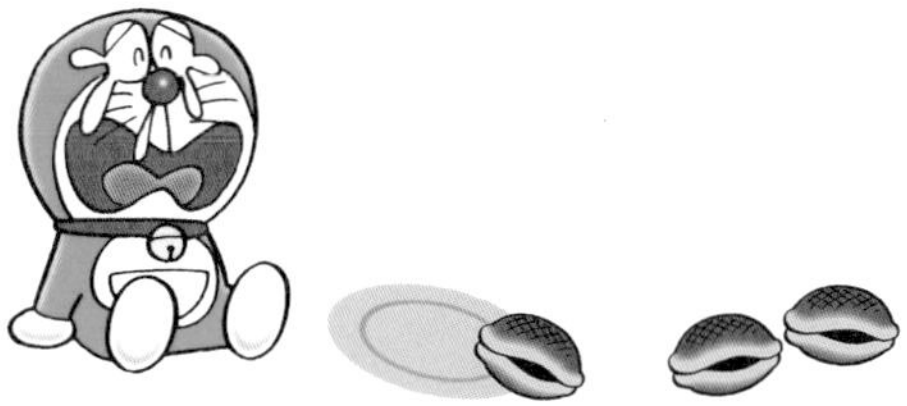

かえ	すす	ゆう	よう	お	しょ	いん
かな	とう	かい	かん	ゆび	と	はや

この中《なか》から読《よ》みをえらんで書《か》いてね。

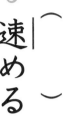

やってみよう 書《か》いてみよう 4

□に正《ただ》しい漢字《かんじ》を書《か》こう。

① 中《ちゅう》□《ぶ》地《ち》方《ほう》

② クリ□《ひろ》い

③ かぜ□《ぐすり》

④ □《わる》者《もの》

⑤ 理《り》□《そう》的《てき》な話《はなし》

⑥ □《お》い風《かぜ》

⑦ 車《くるま》の□《うん》転《てん》

⑧ ため□《いき》

⑨ テレビ放《ほう》□《そう》

⑩ 気《き》□《も》ち

⑪ □《う》ち合《あ》わせ

⑫ 言《こと》葉《ば》の□《い》味《み》

⑬ □《きゅう》な坂《さか》

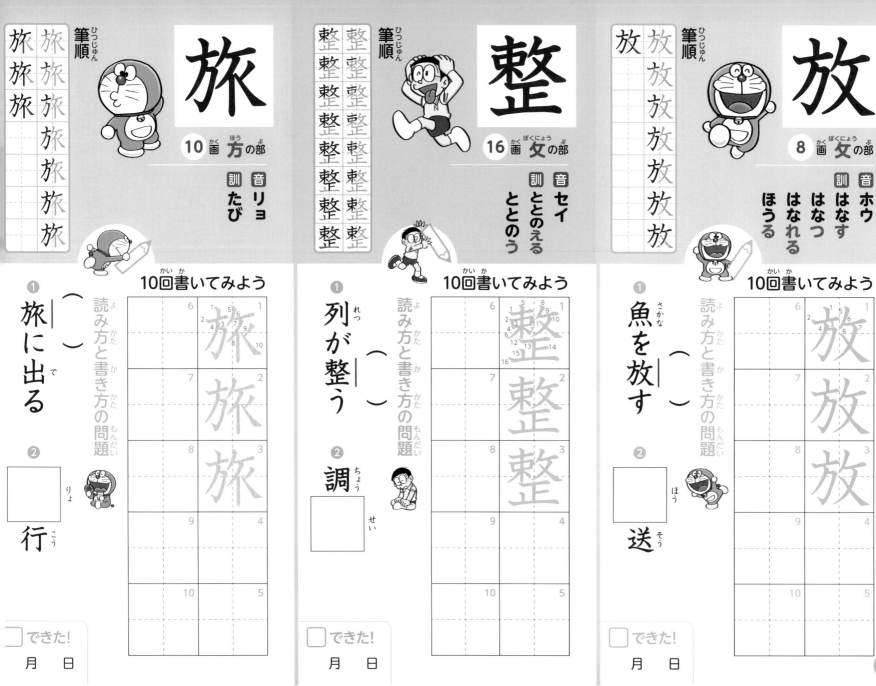

放

8画《かく》 攵《ぼくにょう》の部《ぶ》

音 ホウ

訓 はなす はなつ はなれる ほうる

筆順《ひつじゅん》

10回《かいか》書いてみよう

読《よ》み方《かた》と書《か》き方《かた》の問題《もんだい》

① 魚《さかな》を放す（　）

② □《ほう》送《そう》

□ できた!　月　日

整

16画《かく》 攵《ぼくにょう》の部《ぶ》

音 セイ

訓 ととのえる ととのう

筆順《ひつじゅん》

10回《かいか》書いてみよう

読《よ》み方《かた》と書《か》き方《かた》の問題《もんだい》

① 列《れつ》が整う（　）

② 調《ちょう》□《せい》

□ できた!　月　日

旅

10画《かく》 方《ほう》の部《ぶ》

音 リョ

訓 たび

筆順《ひつじゅん》

10回《かいか》書いてみよう

読《よ》み方《かた》と書《か》き方《かた》の問題《もんだい》

① 旅（　）に出《で》る

② □《りょ》行《こう》

□ できた!　月　日

族

筆順《ひつじゅん》

族 族 族 族 族 族 族 族 族 族 族

11画《かく》　方《ほう》の部《ぶ》

音　ゾク

訓　—

10回《かい》書《か》いてみよう

読《よ》み方《かた》と書《か》き方《かた》の問題《もんだい》

① 水《すい》族館《かん》（　　）

② 家《か》□《ぞく》

□ できた!

月　　日

昔

筆順《ひつじゅん》

昔 昔 昔 昔 昔 昔 昔 昔

8画《かく》　日《ひ》の部《ぶ》

音　（セキ）（シャク）

訓　むかし

10回《かい》書《か》いてみよう

読《よ》み方《かた》と書《か》き方《かた》の問題《もんだい》

① 昔の道《どう》具《ぐ》（　　）

② □《むかし》話《ばなし》

□ できた!

月　　日

旅

「旅」と「族」は、6画目《かくめ》まで同《おな》じ形《かたち》だね。「旅」の右《みぎ》がわが、「衣」にならないように気《き》をつけよう。

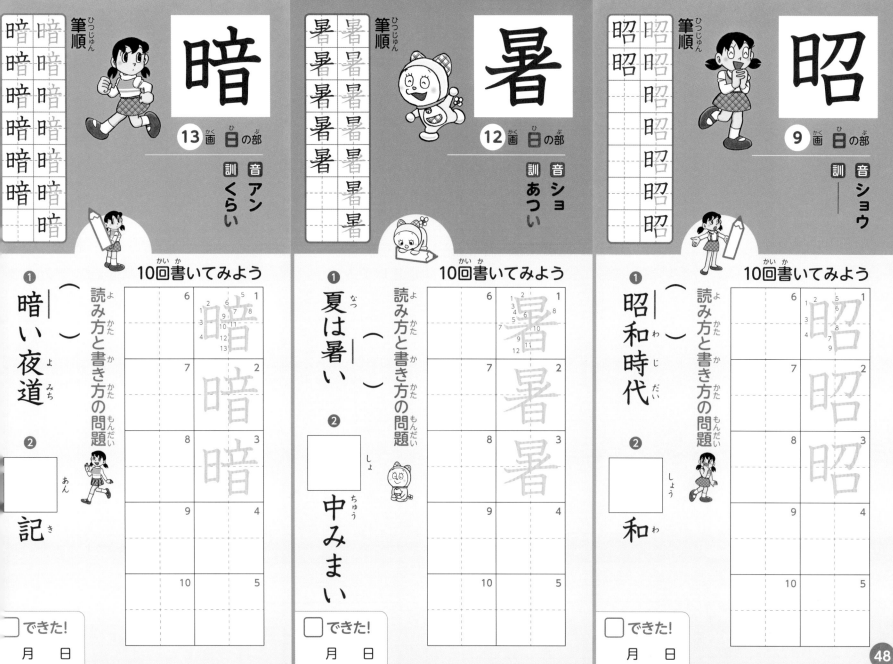

暗

13画《かく》　日《ひ》の部《ぶ》

音　アン
訓　くらい

筆順《ひつじゅん》

暗 暗 暗 暗 暗 暗 暗

10回《かいか》書いてみよう

読《よ》み方《かた》と書《か》き方《かた》の問題《もんだい》

① 暗い夜《よ》道《みち》（　　）

② □《あん》記《き》

□ できた!　月　日

暑

12画《かく》　日《ひ》の部《ぶ》

音　ショ
訓　あつい

筆順《ひつじゅん》

暑 暑 暑 暑 暑 暑

10回《かいか》書いてみよう

読《よ》み方《かた》と書《か》き方《かた》の問題《もんだい》

① 夏《なつ》は暑い（　　）

② □《しょ》中《ちゅう》みまい

□ できた!　月　日

昭

9画《かく》　日《ひ》の部《ぶ》

音　ショウ
訓　――

筆順《ひつじゅん》

昭 昭 昭 昭 昭 昭 昭

10回《かいか》書いてみよう

読《よ》み方《かた》と書《か》き方《かた》の問題《もんだい》

① 昭和《わ》時《じ》代《だい》（　　）

② □《しょう》和《わ》

□ できた!　月　日

曲

6 画《かく》 日《ひらび》の部《ぶ》

音 キョク

訓 まがる まげる

筆順《ひつじゅん》

曲 曲 曲 曲 曲 曲

10回《かい》書《か》いてみよう

読《よ》み方《かた》と書《か》き方《かた》の問題《もんだい》

① 曲がり角《かど》（　　）

② 作《さっ》□《きょく》

□ できた!
月　日

有

6 画《かく》 月《つき》の部《ぶ》

音 ユウ （ウ）

訓 ある

筆順《ひつじゅん》

有 有 有 有 有 有

10回《かい》書《か》いてみよう

読《よ》み方《かた》と書《か》き方《かた》の問題《もんだい》

① 本《ほん》が有る（　　）

② □《ゆう》名《めい》

□ できた!
月　日

服

8 画《かく》 月《つき》の部《ぶ》

音 フク

訓 ―

筆順《ひつじゅん》

服 服 服 服 服 服 服 服

10回《かい》書《か》いてみよう

読《よ》み方《かた》と書《か》き方《かた》の問題《もんだい》

① 洋服《ようふく》（　　）

② □《ふく》を着《き》る

□ できた!
月　日

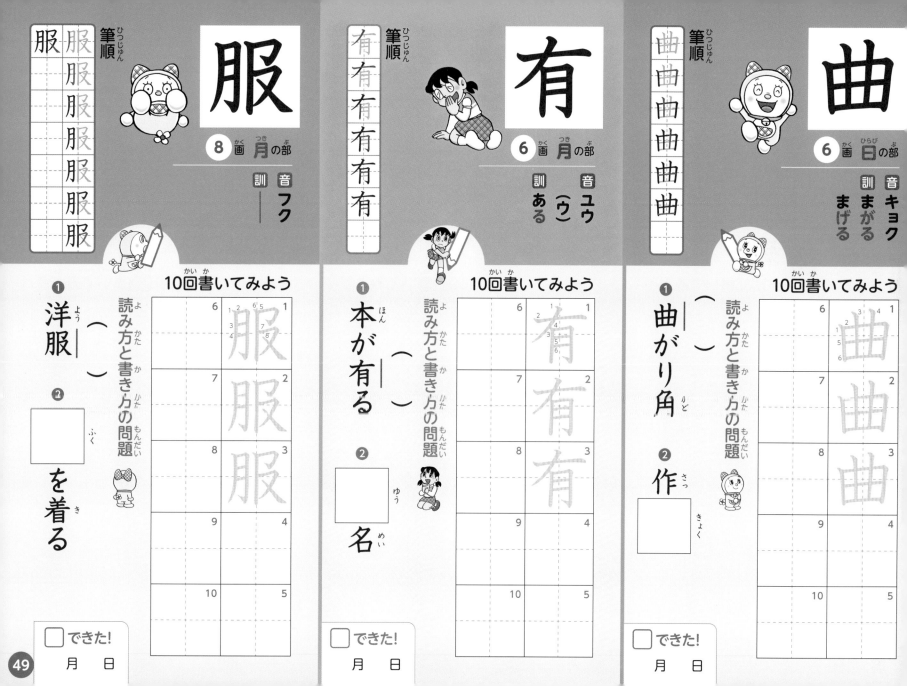

柱

筆順《ひつじゅん》

9画《かく》 木《き》の部《ぶ》

音 チュウ

訓 はしら

10回《かい》書《か》いてみよう

読《よ》み方《かた》と書《か》き方《かた》の問題《もんだい》

① 家《いえ》の柱（　　）

② 電《でん》□《ちゅう》

□ できた!

月　日

板

筆順《ひつじゅん》

8画《かく》 木《き》の部《ぶ》

音 ハン バン

訓 いた

10回《かい》書《か》いてみよう

読《よ》み方《かた》と書《か》き方《かた》の問題《もんだい》

① まな板（　　）

② 鉄《てっ》□《ぱん》

□ できた!

月　日

期

筆順《ひつじゅん》

12画《かく》 月《つき》の部《ぶ》

音 キ （ゴ）

訓 ―

10回《かい》書《か》いてみよう

読《よ》み方《かた》と書《か》き方《かた》の問題《もんだい》

① 期待《たい》する（　　）

② 前《ぜん》□《き》

□ できた!

月　日

根

「根」の右《みぎ》がわは、「良」ではなくて「艮」だよ。上《うえ》の点《てん》がないから、気《き》をつけてね。

植

12画《かく》 木《き》の部《ぶ》

音　ショク

訓　うえる　うわる

筆順《ひつじゅん》

10回《かいか》書いてみよう

読《よ》み方《かた》と書《か》き方《かた》の問題《もんだい》

① 木《き》を植える（　）

② □《しょく》物《ぶつ》

できた!

月　日

根

10画《かく》 木《き》の部《ぶ》

音　コン

訓　ね

筆順《ひつじゅん》

10回《かいか》書いてみよう

読《よ》み方《かた》と書《か》き方《かた》の問題《もんだい》

① かわら屋《や》根（　）

② 球《きゅう》□《こん》

できた!

月　日

業

13画《かく》 木《き》の部《ぶ》

音 ギョウ（ゴウ）

訓 （わざ）

筆順《ひつじゅん》

10回《かい》書《か》いてみよう

読《よ》み方《かた》と書《か》き方《かた》の問題《もんだい》

① 国《こく》語《ご》の授《じゅ》業（　　）

② 農《のう》□《ぎょう》

できた！ 月 日

様

14画《かく》 木《き》の部《ぶ》

音 ヨウ

訓 さま

筆順《ひつじゅん》

10回《かい》書《か》いてみよう

読《よ》み方《かた》と書《か》き方《かた》の問題《もんだい》

① 王《おう》様（　　）

② □《よう》子《す》を見《み》る

できた！ 月 日

横

15画《かく》 木《き》の部《ぶ》

音 オウ

訓 よこ

筆順《ひつじゅん》

10回《かい》書《か》いてみよう

読《よ》み方《かた》と書《か》き方《かた》の問題《もんだい》

① 横（　　）顔《がお》

② □《おう》断《だん》歩《ほ》道《どう》

できた！ 月 日

「橋」の右《みぎ》がわの「喬」は、少《すこ》しむずかしいけれど、がんばろう。5画目《かくめ》は右《みぎ》から、6画目《かくめ》は左《ひだり》から書《か》くよ。

次

6画《かく》 欠《あくび》の部《ぶ》

音 ジ（シ）

訓 つぐ　つぎ

筆順《ひつじゅん》

次 次 次 次 次 次

10回《かいか》書いてみよう

読《よ》み方《かた》と書《か》き方《かた》の問題《もんだい》

① 金《きん》に次ぐ銀《ぎん》（　　）

② □《じ》回《かい》

□ できた!　月　日

橋

16画《かく》 木《き》の部《ぶ》

音 キョウ

訓 はし

筆順《ひつじゅん》

橋 橋 橋 橋 橋 橋 橋 橋 橋 橋 橋 橋 橋 橋 橋 橋

10回《かいか》書いてみよう

読《よ》み方《かた》と書《か》き方《かた》の問題《もんだい》

① 橋をかける（　　）

② 鉄《てつ》□《きょう》

□ できた!　月　日

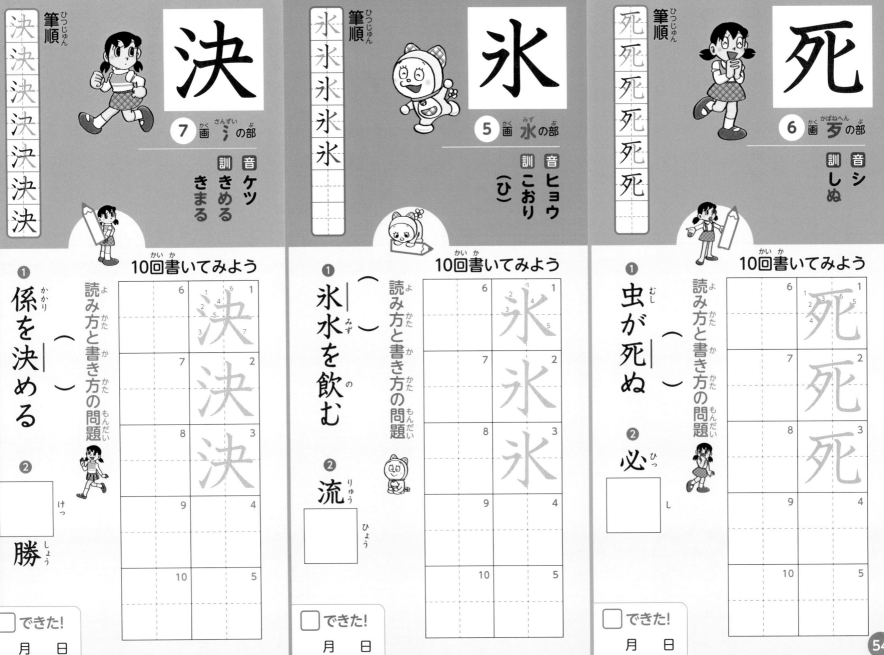

死

筆順《ひつじゅん》

6画《かく》 歹《かばねへん》の部《ぶ》

音 シ

訓 しぬ

10回《かい》書《か》いてみよう

読《よ》み方《かた》と書《か》き方《かた》の問題《もんだい》

① 虫《むし》が死ぬ（　）

② 必《ひっ》□《し》

□できた!

月　日

氷

筆順《ひつじゅん》

5画《かく》 水《みず》の部《ぶ》

音 ヒョウ

訓 こおり （ひ）

10回《かい》書《か》いてみよう

読《よ》み方《かた》と書《か》き方《かた》の問題《もんだい》

① （　）氷水《みず》を飲《の》む

② 流《りゅう》□《ひょう》

□できた!

月　日

決

筆順《ひつじゅん》

7画《かく》 氵《さんずい》の部《ぶ》

音 ケツ

訓 きめる きまる

10回《かい》書《か》いてみよう

読《よ》み方《かた》と書《か》き方《かた》の問題《もんだい》

① 係《かかり》を決める（　）

② □《けっ》勝《しょう》

□できた!

月　日

波

筆順《ひつじゅん》

波 波 波 波 波 波 波 波

8画《かく》　氵《さんずい》の部《ぶ》

音　ハ

訓　なみ

10回《かい》書《か》いてみよう

読《よ》み方《かた》と書《か》き方《かた》の問題《もんだい》

① 波に乗《の》る（　　）

② 電《でん》□《ぱ》

□ できた!

月　　日

注

筆順《ひつじゅん》

注 注 注 注 注 注 注 注

8画《かく》　氵《さんずい》の部《ぶ》

音　チュウ

訓　そそぐ

10回《かい》書《か》いてみよう

読《よ》み方《かた》と書《か》き方《かた》の問題《もんだい》

① 水《みず》を注ぐ（　　）

② □《ちゅう》意《い》

□ できた!

月　　日

泳

筆順《ひつじゅん》

泳 泳 泳 泳 泳 泳 泳 泳

8画《かく》　氵《さんずい》の部《ぶ》

音　エイ

訓　およぐ

10回《かい》書《か》いてみよう

読《よ》み方《かた》と書《か》き方《かた》の問題《もんだい》

① 海《うみ》で泳ぐ（　　）

② 水《すい》□《えい》

□ できた!

月　　日

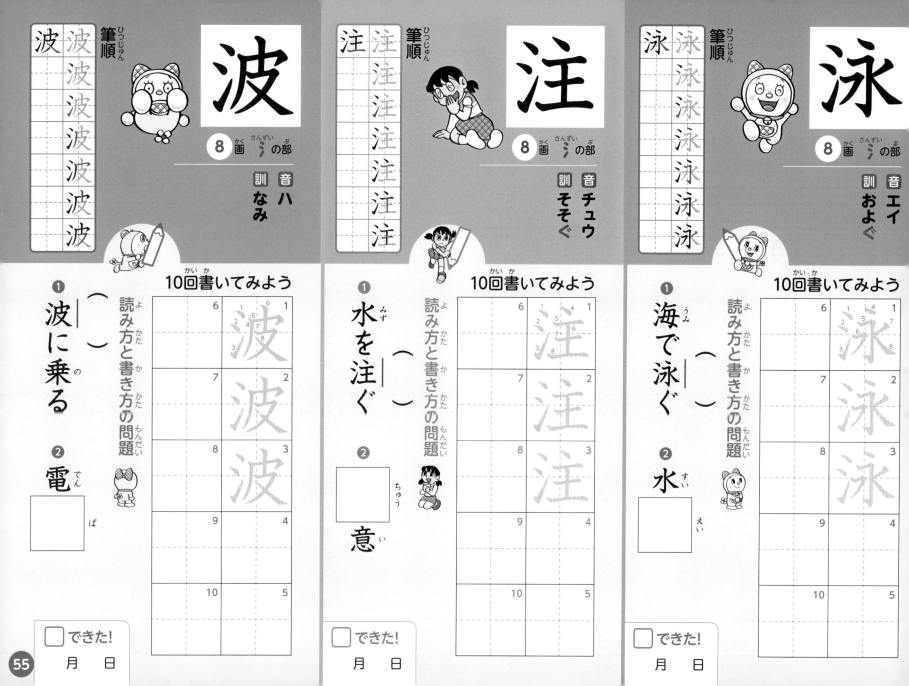

やってみよう 読《よ》んでみよう 5

——の漢字《かんじ》の読《よ》みを、左《ひだり》のわくの中《なか》からえらんで書《か》こう。

❶ 放る（　　）

❷ 周《しゅう》波数《すう》（　　）

❸ 有力《りょく》（　　）

❹ 黒《こく》板（　　）

❺ 曲げる（　　）

❻ 決まる（　　）

❼ 植わる（　　）

❽ 次の日《ひ》（　　）

❾ 大《おお》昔（　　）

❿ 死守《しゅ》（　　）

⓫ 親《しん》族（　　）

⓬ 同《どう》様（　　）

⓭ 商《しょう》業（　　）

⓮ 整える（　　）

ゆう　よう　つぎ　ぞく　う　ほう　し

ぎょう　き　ばん　むかし　ま　ととの　は

この中《なか》から読《よ》みをえらんで書《か》いてね。

やってみよう 書《か》いてみよう 5

□に正《ただ》しい漢字《かんじ》を書《か》こう。

❶ 夏《なつ》□《ふく》

❸ □《しょう》和《わ》の日《ひ》

❺ □《ちゅう》目《もく》のまと

❼ □《りょ》館《かん》

❾ □《はしら》の太《ふと》さ

⓫ 木《き》の□《ね》

⓭ 歩《ほ》道《どう》□《きょう》

❷ かき□《ごおり》

❹ □《よこ》書《が》き

❻ □《あつ》い日《ひ》

❽ 平《ひら》□《およ》ぎ

❿ 新《しん》学《がっ》□《き》

⓬ □《あん》算《ざん》

油

8画《かく》 氵《さんずい》の部《ぶ》

音 ユ

訓 あぶら

筆順《ひつじゅん》

10回《かい》書《か》いてみよう

読《よ》み方《かた》と書《か》き方《かた》の問題《もんだい》

① 油（　　）絵《え》をかく

② 石《せき》□《ゆ》

□ できた!　月　日

洋

9画《かく》 氵《さんずい》の部《ぶ》

音 ヨウ

訓 ―

筆順《ひつじゅん》

10回《かい》書《か》いてみよう

読《よ》み方《かた》と書《か》き方《かた》の問題《もんだい》

① 洋（　　）食《しょく》と和《わ》食《しょく》

② 太《たい》平《へい》□《よう》

□ できた!　月　日

消

10画《かく》 氵《さんずい》の部《ぶ》

音 ショウ

訓 きえる　けす

筆順《ひつじゅん》

10回《かい》書《か》いてみよう

読《よ》み方《かた》と書《か》き方《かた》の問題《もんだい》

① 火《ひ》が消（　　）える

② □《しょう》化《か》する

□ できた!　月　日

「氵《さんずい》」は、「①左上《ひだりうえ》から点《てん》 ②左上《ひだりうえ》から点《てん》 ③左下《ひだりした》からななめ上《うえ》にはらう」の形《かたち》に気《き》をつけてね。

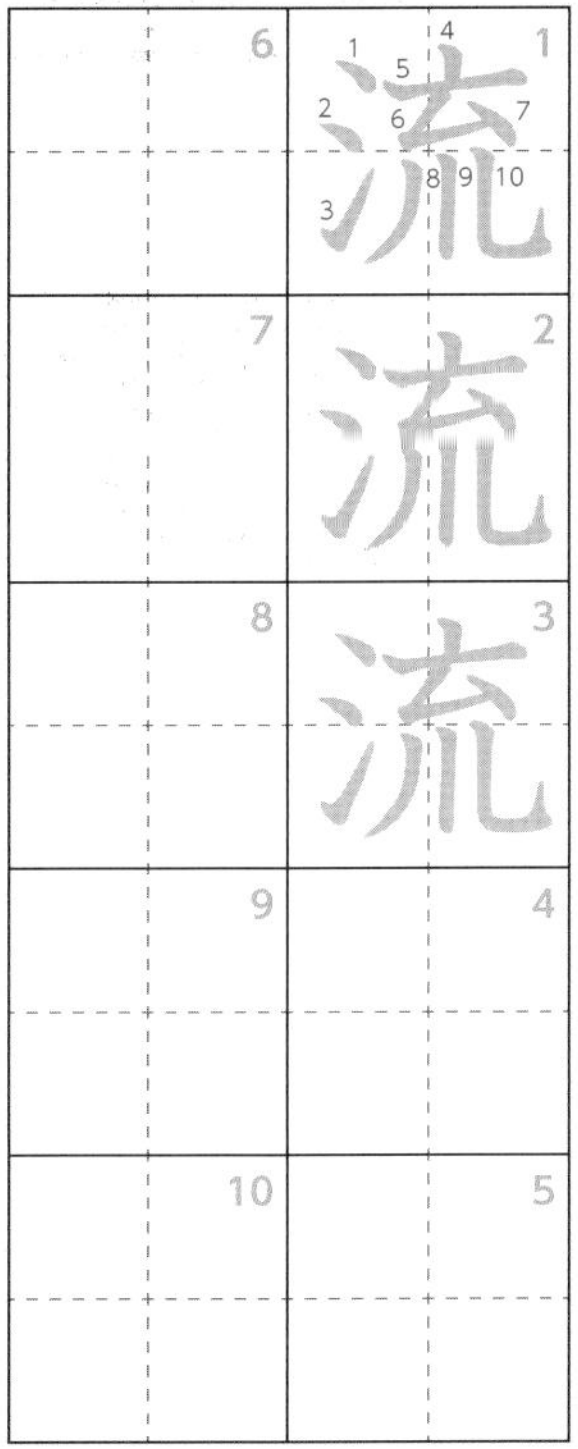

深

11画《かく》 氵《さんずい》の部《ぶ》

音 シン

訓 ふかい ふかまる ふかめる

筆順《ひつじゅん》

10回《かい》書《か》いてみよう

読《よ》み方《かた》と書《か》き方《かた》の問題《もんだい》

❶ 深い海《うみ》（　）

❷ □《しん》夜《や》

□ できた!

月　日

流

10画《かく》 氵《さんずい》の部《ぶ》

音 リュウ（ル）

訓 ながれる ながす

筆順《ひつじゅん》

10回《かい》書《か》いてみよう

読《よ》み方《かた》と書《か》き方《かた》の問題《もんだい》

❶ 川《かわ》の流れ（　）

❷ □《りゅう》行《こう》

□ できた!

月　日

港

筆順《ひつじゅん》

12画《かく》 氵《さんずい》の部《ぶ》

音 コウ

訓 みなと

10回《かい》書《か》いてみよう

読《よ》み方《かた》と書《か》き方《かた》の問題《もんだい》

① 港（　　）のある町《まち》

② 空《くう》□《こう》

□ できた!
月　　日

湖

筆順《ひつじゅん》

12画《かく》 氵《さんずい》の部《ぶ》

音 コ

訓 みずうみ

10回《かい》書《か》いてみよう

読《よ》み方《かた》と書《か》き方《かた》の問題《もんだい》

① 森《もり》の湖（　　）

② 火《か》口《こう》□《こ》

□ できた!
月　　日

温

筆順《ひつじゅん》

12画《かく》 氵《さんずい》の部《ぶ》

音 オン

訓 あたたか　あたたかい　あたたまる　あたためる

10回《かい》書《か》いてみよう

読《よ》み方《かた》と書《か》き方《かた》の問題《もんだい》

① 温（　　）かいお茶《ちゃ》

② 気《き》□《おん》

□ できた!
月　　日

温

「温」は、「日」が「目」に なったり、「皿」が「皿」に なったりしないように、気《き》をつけよう。

漢

13画《かく》 氵《さんずい》の部《ぶ》

音 カン

訓 ―

筆順《ひつじゅん》

漢 漢 漢 漢 漢 漢 漢 漢 漢 漢 漢 漢 漢

10回《かい》書《か》いてみよう

読《よ》み方《かた》と書《か》き方《かた》の問題《もんだい》

① 漢字《じ》（　　）

② □《かん》和《わ》辞《じ》典《てん》

□ できた!

月　　日

湯

12画《かく》 氵《さんずい》の部《ぶ》

音 トウ

訓 ゆ

筆順《ひつじゅん》

湯 湯 湯 湯 湯 湯 湯 湯 湯 湯 湯 湯

10回《かい》書《か》いてみよう

読《よ》み方《かた》と書《か》き方《かた》の問題《もんだい》

① 湯気《げ》が立《た》つ（　　）

② 熱《ねっ》□《とう》

□ できた!

月　　日

球

11画《かく》 王《おう》の部《ぶ》

音 キュウ

訓 たま

筆順《ひつじゅん》

球 球 球 球

10回《かいか》書いてみよう

読《よ》み方《かた》と書《か》き方《かた》の問題《もんだい》

❶ 球（　　）を転《ころ》がす

❷ 地《ち》□《きゅう》

□ できた!

月　　日

物

8画《かく》 牛《うし》の部《ぶ》

音 ブツ モツ

訓 もの

筆順《ひつじゅん》

物

10回《かいか》書いてみよう

読《よ》み方《かた》と書《か》き方《かた》の問題《もんだい》

❶ 物（　　）語《がたり》を読《よ》む

❷ 食《しょく》□《もつ》

□ できた!

月　　日

炭

9画《かく》 火《ひ》の部《ぶ》

音 タン

訓 すみ

筆順《ひつじゅん》

炭 炭

10回《かいか》書いてみよう

読《よ》み方《かた》と書《か》き方《かた》の問題《もんだい》

❶ 炭（　　）火《び》焼《や》き

❷ 石《せき》□《たん》

□ できた!

月　　日

申

筆順《ひつじゅん》

申 申 申 申 申

5画《かく》 田《た》の部《ぶ》

音 (シン)

訓 もうす

10回《かいか》書いてみよう

読《よ》み方《かた》と書《か》き方《かた》の問題《もんだい》

① 申しこむ（　　）

② □《もう》し出《で》る

□ できた!　月　日

由

筆順《ひつじゅん》

由 由 由 由 由

5画《かく》 田《た》の部《ぶ》

音 ユ ユウ (ユイ)

訓 (よし)

10回《かいか》書いてみよう

読《よ》み方《かた》と書《か》き方《かた》の問題《もんだい》

① 地名《ちめい》の由来《らい》（　　）

② 理《り》□《ゆう》

□ できた!　月　日

界

筆順《ひつじゅん》

界 界 界 界 界 界 界 界 界

9画《かく》 田《た》の部《ぶ》

音 カイ

訓 ―

10回《かいか》書いてみよう

読《よ》み方《かた》と書《か》き方《かた》の問題《もんだい》

① 世《せ》界の国《くに》（　　）

② 文学《ぶんがく》□《かい》

□ できた!　月　日

畑

筆順《ひつじゅん》

畑　畑　畑　畑　畑　畑　畑　畑　畑

9画《かく》　田《た》の部《ぶ》

音　—

訓　はた　はたけ

10回《かい》書《か》いてみよう

読《よ》み方《かた》と書《か》き方《かた》の問題《もんだい》

❶ 田《た》畑（　）

❷ □《はたけ》をたがやす

□できた！　月　日

病

筆順《ひつじゅん》

病　病　病　病　病　病　病　病　病　病

10画《かく》　疒《やまいだれ》の部《ぶ》

音　ビョウ　（ヘイ）

訓　（やむ）　やまい

10回《かい》書《か》いてみよう

読《よ》み方《かた》と書《か》き方《かた》の問題《もんだい》

❶ 病（　）は気《き》から

❷ □《びょう》院《いん》

□できた！　月　日

発

筆順《ひつじゅん》

発　発　発　発　発　発　発　発　発

9画《かく》　癶《はつがしら》の部《ぶ》

音　ハツ　（ホツ）

訓　—

10回《かい》書《か》いてみよう

読《よ》み方《かた》と書《か》き方《かた》の問題《もんだい》

❶ 発（　）明《めい》品《ひん》

❷ 開《かい》□《はつ》

□できた！　月　日

皮

「皮」の1画目《かくめ》は、はらいから。2画目《かくめ》は少《すこ》しもどるようにはねるよ。書《か》き方《かた》に気《き》をつけよう。

皮

筆順《ひつじゅん》

皮 皮 皮 皮 皮

5 画《かく》 皮《けがわ》の部《ぶ》

音 ヒ

訓 かわ

10回《かいか》書いてみよう

読《よ》み方《かた》と書《か》き方《かた》の問題《もんだい》

① ミカンの皮（　　）

② 表《ひょう》□《ひ》

□ できた!

月　　日

登

筆順《ひつじゅん》

登 登 登 登 登 登 登 登 登 登 登 登

12 画《かく》 癶《はつがしら》の部《ぶ》

音 トウ ト

訓 のぼる

10回《かいか》書いてみよう

読《よ》み方《かた》と書《か》き方《かた》の問題《もんだい》

① 山《やま》に登る（　　）

② □《と》山《ざん》

□ できた!

月　　日

相

筆順《ひつじゅん》

9画《かく》 目《め》の部《ぶ》

音 ソウ (ショウ)

訓 あい

10回《かい》書《か》いてみよう

読《よ》み方《かた》と書《か》き方《かた》の問題《もんだい》

① 相（　）手《て》の顔《かお》

② □《そう》談《だん》

できた!
月　日

県

筆順《ひつじゅん》

9画《かく》 目《め》の部《ぶ》

音 ケン

訓 ―

10回《かい》書《か》いてみよう

読《よ》み方《かた》と書《か》き方《かた》の問題《もんだい》

① 都《と》道《どう》府《ふ》県（　）

② □《けん》民《みん》

できた!
月　日

皿

筆順《ひつじゅん》

5画《かく》 皿《さら》の部《ぶ》

音 ―

訓 さら

10回《かい》書《か》いてみよう

読《よ》み方《かた》と書《か》き方《かた》の問題《もんだい》

① 皿（　）をあらう

② 小《こ》□《ざら》

できた!
月　日

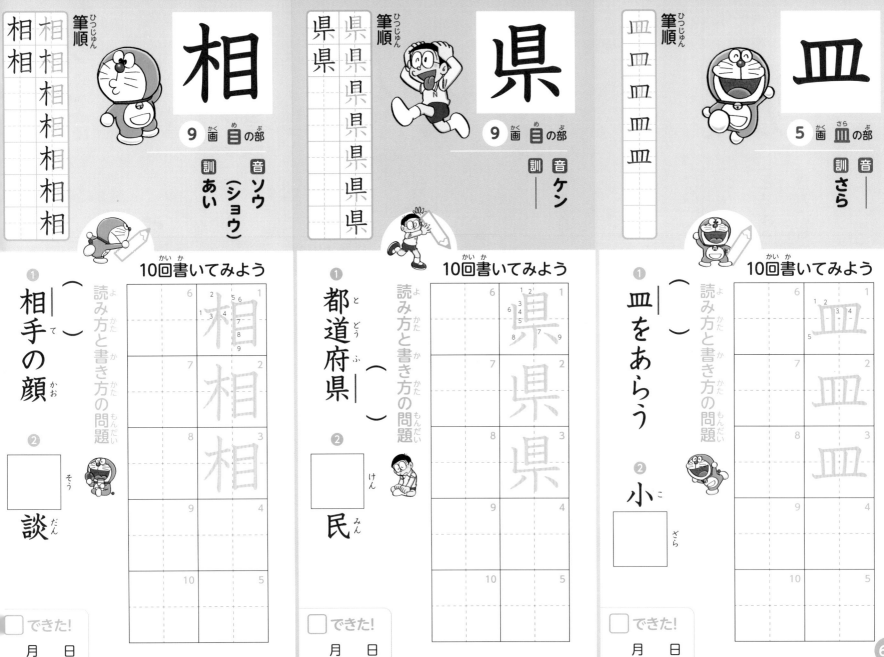

真

10画《かく》 目《め》の部《ぶ》

音 シン

訓 ま

筆順《ひつじゅん》

真 真 真 真 真 真 真 真 真 真

10回《かいか》書《か》いてみよう

真 真 真

読《よ》み方《かた》と書《か》き方《かた》の問題《もんだい》

① 真夏《なつ》の空《そら》（　　）

② 写《しゃ》□ しん

できた! 月 日

短

12画《かく》 矢《や》の部《ぶ》

音 タン

訓 みじかい

筆順《ひつじゅん》

短 短 短 短 短 短 短 短 短 短 短 短

10回《かいか》書《か》いてみよう

短 短 短

読《よ》み方《かた》と書《か》き方《かた》の問題《もんだい》

① 短い話《はなし》（　　）

② 長《ちょう》□ たん

できた! 月 日

皿

「皿」の中《なか》のたてぼうは2本《ほん》だよ。5画目《かくめ》は、左右《さゆう》にとび出《だ》すように、少《すこ》し長《なが》く書《か》いてね。

やってみよう 読《よ》んでみよう６

―の漢字《かんじ》の読《よ》みを、左《ひだり》のわくの中《なか》からえらんで書《か》こう。

① 消しゴム（　　）

② 皿うどん（　　）

③ 湯船《ぶね》（　　）

④ 球根《こん》（　　）

⑤ 動《どう》物（　　）

⑥ 出《しゅっ》港（　　）

⑦ 深まる（　　）

⑧ 登校《こう》（　　）

⑨ 人《にん》相（　　）

⑩ 湖水《すい》（　　）

⑪ 皮肉《にく》（　　）

⑫ 木《もく》炭（　　）

⑬ 流す（　　）

⑭ 温める（　　）

こ　とう　あたた　ゆ　ぶつ　たん　そう

なが　さら　け　ひ　こう　きゅう　ふか

この中《なか》から読《よ》みをえらんで書《か》いてね。

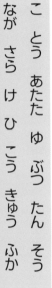

やってみよう 書《か》いてみよう 6

□に正《ただ》しいかん字《じ》を書《か》こう。

① □《びょう》気《き》

② □《しん》実《じつ》

③ □《かん》字《じ》

④ ゴマ□《あぶら》

⑤ 世《せ》□《かい》地《ち》図《ず》

⑥ □《けん》立《りつ》高《こう》校《こう》

⑦ □《よう》服《ふく》

⑧ □《はっ》言《げん》

⑨ □《もう》し上《あ》げる

⑩ 自《じ》□《ゆう》時《じ》間《かん》

⑪ 麦《むぎ》□《ばたけ》

⑫ □《みじか》い文《ぶん》

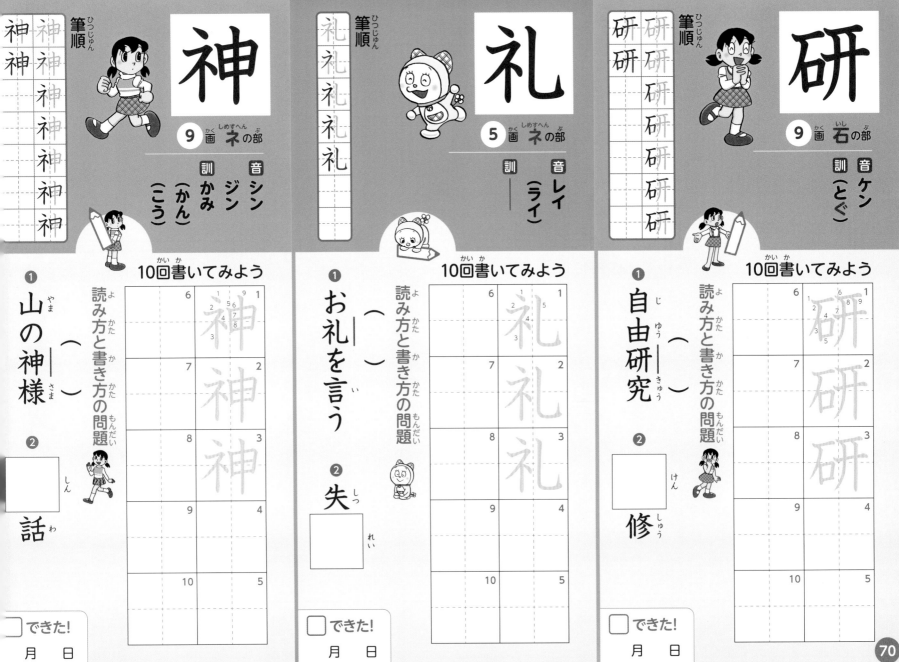

研

9画《かく》　石《いし》の部《ぶ》

音　ケン

訓　（とぐ）

筆順《ひつじゅん》

10回《かいか》書いてみよう

読《よ》み方《かた》と書《か》き方《かた》の問題《もんだい》

① 自《じ》由《ゆう》研究《きゅう》（　　）

② □《けん》修《しゅう》

□できた!　月　日

礼

5画《かく》　ネ《しめすへん》の部《ぶ》

音　レイ　（ライ）

訓　—

筆順《ひつじゅん》

10回《かいか》書いてみよう

読《よ》み方《かた》と書《か》き方《かた》の問題《もんだい》

① お礼を言《い》う（　　）

② 失《しつ》□《れい》

□できた!　月　日

神

9画《かく》　ネ《しめすへん》の部《ぶ》

音　シン　ジン

訓　かみ　（かん）　（こう）

筆順《ひつじゅん》

10回《かいか》書いてみよう

読《よ》み方《かた》と書《か》き方《かた》の問題《もんだい》

① 山《やま》の神様《さま》（　　）

② □《しん》話《わ》

□できた!　月　日

祭

11画《かく》 示《しめす》の部《ぶ》

音 サイ

訓 まつる まつり

筆順《ひつじゅん》

祭 祭 祭 祭

10回《かいか》書いてみよう

読《よ》み方《かた》と書《か》き方《かた》の問題《もんだい》

❶ 秋《あき》祭り（　　）

❷ 文《ぶん》化《か》 □ さい

□ できた!

月　　日

福

13画《かく》 ネ《しめすへん》の部《ぶ》

音 フク

訓 —

筆順《ひつじゅん》

福 福 福 福 福 福

10回《かいか》書いてみよう

読《よ》み方《かた》と書《か》き方《かた》の問題《もんだい》

❶ 幸《こう》福（　　）

❷ □ ふく わらい

□ できた!

月　　日

秒

9画《かく》 禾《のぎへん》の部《ぶ》

音 ビョウ

訓 —

筆順《ひつじゅん》

秒 秒

10回《かいか》書いてみよう

読《よ》み方《かた》と書《か》き方《かた》の問題《もんだい》

❶ 秒読《よ》み（　　）

❷ □ びょう 速《そく》

□ できた!

月　　日

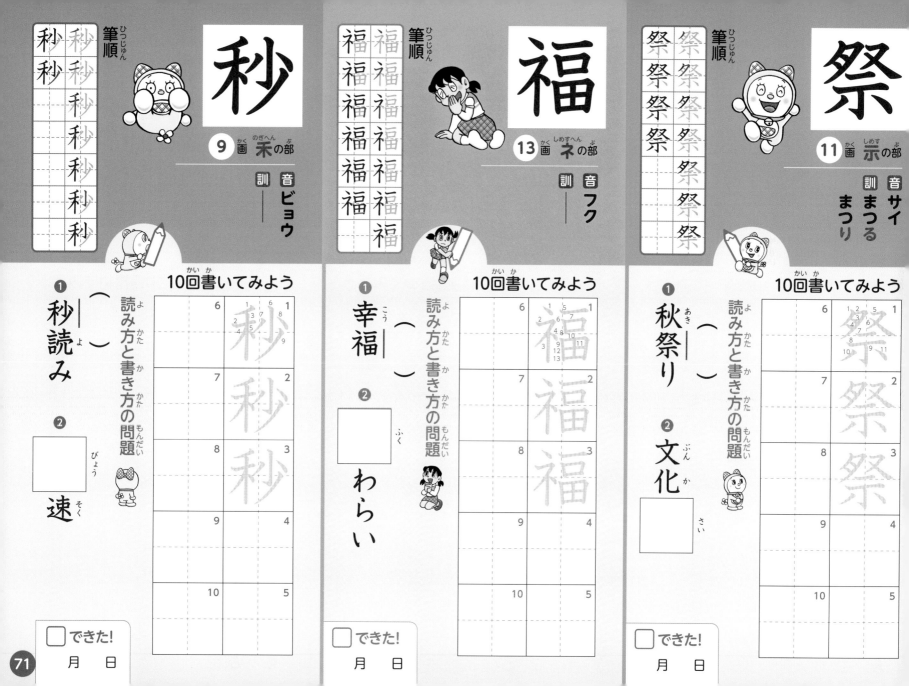

究

筆順《ひつじゅん》

7画《かく》 穴《あな》の部《ぶ》

音 キュウ

訓 （きわめる）

10回《かいか》書いてみよう

読《よ》み方《かた》と書《か》き方《かた》の問題《もんだい》

① 究極《きょく》の手段《しゅだん》（　）

② □《きゅう》明《めい》

できた!　月　日

章

筆順《ひつじゅん》

11画《かく》 立《たつ》の部《ぶ》

音 ショウ

訓 ―

10回《かいか》書いてみよう

読《よ》み方《かた》と書《か》き方《かた》の問題《もんだい》

① 文《ぶん》章を読《よ》む（　）

② 楽《がく》□《しょう》

できた!　月　日

童

筆順《ひつじゅん》

12画《かく》 立《たつ》の部《ぶ》

音 ドウ

訓 （わらべ）

10回《かいか》書いてみよう

読《よ》み方《かた》と書《か》き方《かた》の問題《もんだい》

① 児《じ》童書《しょ》（　）

② 学《がく》□《どう》

できた!　月　日

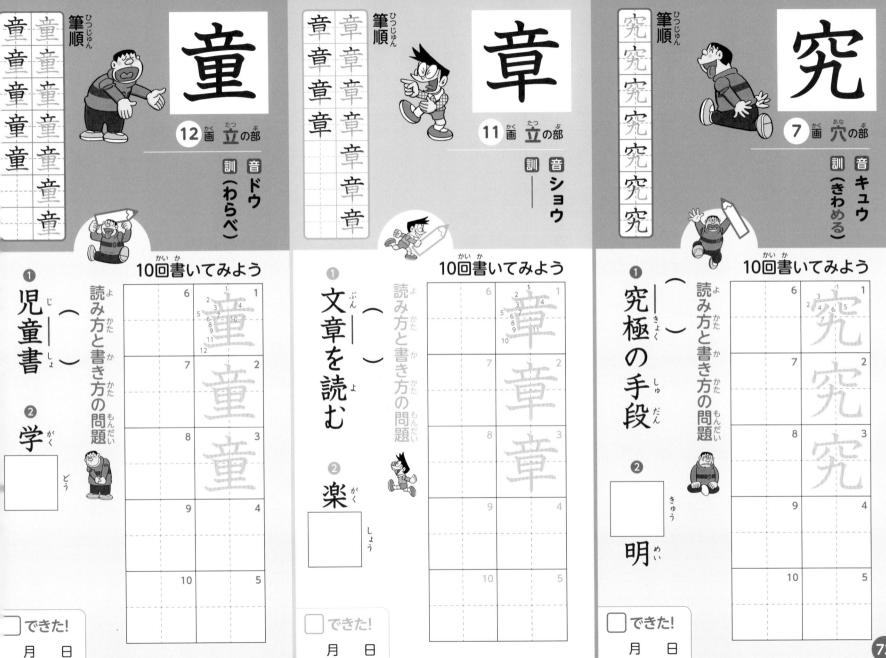

童

「童」は、「立」と「里」からできているよ。どちらも、2年生《ねんせい》までに習《なら》った漢字《かんじ》だね。

笛

11画《かく》 竹《たけ》の部《ぶ》

音 テキ

訓 ふえ

筆順《ひつじゅん》

10回《かいか》書いてみよう

読《よ》み方《かた》と書《か》き方《かた》の問題《もんだい》

① 笛をふく（　　）

② 汽《き》□《てき》

□ できた！　月　日

第

11画《かく》 竹《たけ》の部《ぶ》

音 ダイ

訓 ―

筆順《ひつじゅん》

10回《かいか》書いてみよう

読《よ》み方《かた》と書《か》き方《かた》の問題《もんだい》

① 第一《いっ》歩《ぽ》（　　）

② 式《しき》次《し》□《だい》

□ できた！　月　日

等

12画《かく》　竹《たけ》の部《ぶ》

音　トウ

訓　ひとしい

筆順《ひつじゅん》

10回《かい》書《か》いてみよう

読《よ》み方《かた》と書《か》き方《かた》の問題《もんだい》

① 等しい長《なが》さ（　　）

② 上《じょう》□《とう》

□ できた!　月　日

筆

12画《かく》　竹《たけ》の部《ぶ》

音　ヒツ

訓　ふで

筆順《ひつじゅん》

10回《かい》書《か》いてみよう

読《よ》み方《かた》と書《か》き方《かた》の問題《もんだい》

① 筆箱《ばこ》（　　）

② □《ひつ》順《じゅん》

□ できた!　月　日

箱

15画《かく》　竹《たけ》の部《ぶ》

音　―

訓　はこ

筆順《ひつじゅん》

10回《かい》書《か》いてみよう

読《よ》み方《かた》と書《か》き方《かた》の問題《もんだい》

① 箱の中《なか》（　　）

② 玉《たま》手《て》□《ばこ》

□ できた!　月　日

級

9 画《かく》　糸《いと》の部《ぶ》

音　キュウ

訓　―

筆順《ひつじゅん》

10回《かい》書《か》いてみよう

読《よ》み方《かた》と書《か》き方《かた》の問題《もんだい》

① 同《どう》級生《せい》（　　）

② 高《こう》□《きゅう》

□ できた!

月　　日

終

11 画《かく》　糸《いと》の部《ぶ》

音　シュウ

訓　おわる　おえる

筆順《ひつじゅん》

10回《かい》書《か》いてみよう

読《よ》み方《かた》と書《か》き方《かた》の問題《もんだい》

① 食《た》べ終わる（　　）

② □《しゅう》点《てん》

□ できた!

月　　日

級

「級」の8画目《かくめ》「㇋」は、形《かたち》に気《き》をつけながら一筆《ひとふで》で書《か》いてね。おるところと、はらいの方向《ほうこう》に注意《ちゅうい》して。

羊

6 画《かく》　羊《ひつじ》の部《ぶ》

音　ヨウ

訓　ひつじ

筆順《ひつじゅん》

羊 羊 羊 羊 羊 羊

10回《かいか》書いてみよう

読《よ》み方《かた》と書《か》き方《かた》の問題《もんだい》

❶ 白《しろ》い羊雲《ぐも》（　）

❷ □《よう》毛《もう》

□ できた!　月　日

練

14 画《かく》　糸《いと》の部《ぶ》

音　レン

訓　ねる

筆順《ひつじゅん》

練 練 練 練 練 練 練 練 練 練 練 練 練 練

10回《かいか》書いてみよう

読《よ》み方《かた》と書《か》き方《かた》の問題《もんだい》

❶ 計画《けいかく》を練る（　）

❷ 訓《くん》□《れん》

□ できた!　月　日

緑

14 画《かく》　糸《いと》の部《ぶ》

音　リョク（ロク）

訓　みどり

筆順《ひつじゅん》

緑 緑 緑 緑 緑 緑 緑 緑 緑 緑 緑 緑 緑 緑

10回《かいか》書いてみよう

読《よ》み方《かた》と書《か》き方《かた》の問題《もんだい》

❶ 緑（　）色《いろ》の鳥《とり》

❷ □《りょく》茶《ちゃ》

□ できた!　月　日

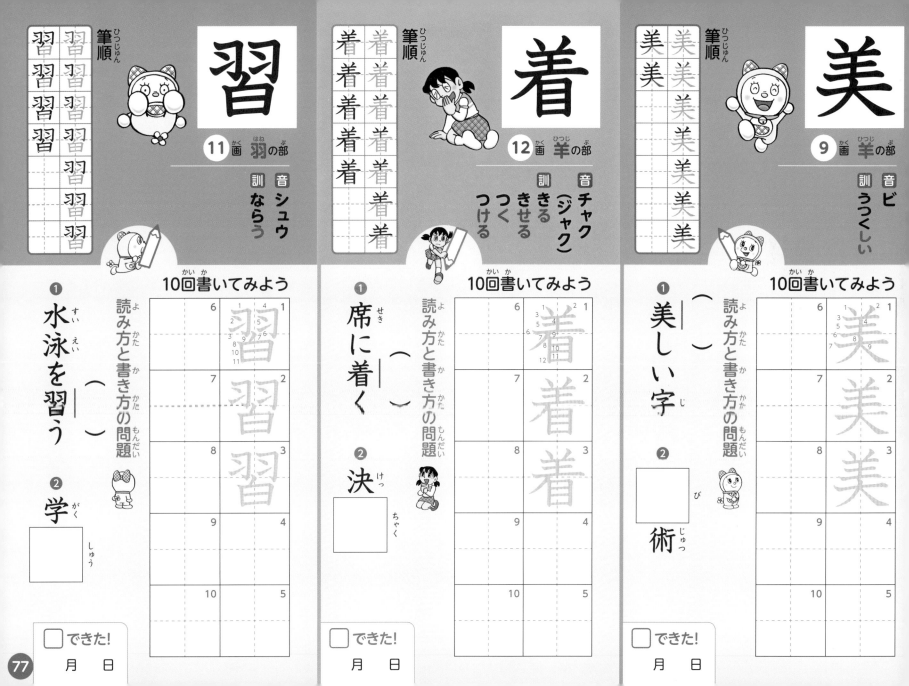

美

9画《かく》　羊《ひつじ》の部《ぶ》

音　ビ

訓　うつくしい

筆順《ひつじゅん》

10回《かい》書《か》いてみよう

読《よ》み方《かた》と書《か》き方《かた》の問題《もんだい》

❶ 美しい字《じ》（　）

❷ □《び》術《じゅつ》

□ できた!　月　日

着

12画《かく》　羊《ひつじ》の部《ぶ》

音　チャク（ジャク）

訓　きる　きせる　つく　つける

筆順《ひつじゅん》

10回《かい》書《か》いてみよう

読《よ》み方《かた》と書《か》き方《かた》の問題《もんだい》

❶ 席《せき》に着く（　）

❷ 決《けっ》□《ちゃく》

□ できた!　月　日

習

11画《かく》　羽《はね》の部《ぶ》

音　シュウ

訓　ならう

筆順《ひつじゅん》

10回《かい》書《か》いてみよう

読《よ》み方《かた》と書《か》き方《かた》の問題《もんだい》

❶ 水《すい》泳《えい》を習う（　）

❷ 学《がく》□《しゅう》

□ できた!　月　日

血

6 画《かく》 血《ち》の部《ぶ》

音 ケツ

訓 ち

筆順《ひつじゅん》

10回《かいか》書いてみよう

読《よ》み方《かた》と書《か》き方《かた》の問題《もんだい》

① 赤《あか》い血（　　）

② 出《しゅっ》□《けつ》

□ できた!　月　日

育

8 画《かく》 月《にくづき》の部《ぶ》

音 イク

訓 そだつ　そだてる　はぐくむ

筆順《ひつじゅん》

10回《かいか》書いてみよう

読《よ》み方《かた》と書《か》き方《かた》の問題《もんだい》

① 夢《ゆめ》を育む（　　）

② 体《たい》□《いく》

□ できた!　月　日

者

8 画《かく》 耂《おいかんむり》の部《ぶ》

音 シャ

訓 もの

筆順《ひつじゅん》

10回《かいか》書いてみよう

読《よ》み方《かた》と書《か》き方《かた》の問題《もんだい》

① 人《にん》気《き》者（　　）

② 学《がく》□《しゃ》

□ できた!　月　日

表

8画《かく》　衣《ころも》の部《ぶ》

音　ヒョウ

訓　おもて　あらわす　あらわれる

筆順《ひつじゅん》

10回《かいか》書いてみよう

読《よ》み方《かた》と書《か》き方《かた》の問題《もんだい》

① 言葉《ことば》で表す（　）

② □《ひょう》紙《し》

できた！　月　日

詩

13画《かく》　言《ごんべん》の部《ぶ》

音　シ

訓　―

筆順《ひつじゅん》

10回《かいか》書いてみよう

読《よ》み方《かた》と書《か》き方《かた》の問題《もんだい》

① 詩を読《よ》む（　）

② □《し》人《じん》

できた！　月　日

表

「表」の1、3、4画目《かくめ》の横《よこ》ぼうは、3本《ぼん》だよ。「土」にならないように気《き》をつけて、同《おな》じはばで書《か》こう。

やってみよう 読《よ》んでみよう 7

―の漢字《かんじ》の読《よ》みを、左《ひだり》のわくの中《なか》からえらんで書《か》こう。

① 子《こ》羊（　　）

② はがきの表（　　）

③ 終える（　　）

④ 詩集《しゅう》（　　）

⑤ 育てる（　　）

⑥ 祭る（　　）

⑦ 着る（　　）

⑧ 神社《じゃ》（　　）

⑨ 新《しん》緑（　　）

⑩ 無《ぶ》礼（　　）

⑪ 自《じ》習（　　）

⑫ 箱庭《にわ》（　　）

⑬ 校《こう》章（　　）

⑭ 美談《だん》（　　）

しゅう　れい　まつ　そだ　し　りょく　び
おもて　き　じん　はこ　ひつじ　お　しょう

この中《なか》から読《よ》みをえらんで書《か》いてね。

やってみよう 書《か》いてみよう 7

□に正《ただ》しい漢字《かんじ》を書《か》こう。

① 七《しち》□《ふく》神《じん》

② 口《くち》□《ぶえ》

③ 学《がっ》□《きゅう》会《かい》

④ グリム□《どう》話《わ》

⑤ 作《さく》□《しゃ》

⑥ □《けん》□《きゅう》会《かい》

⑦ 対《たい》□《とう》

⑧ □《れん》習《しゅう》

⑨ 一《いっ》分《ぷん》一《いち》□《びょう》

⑩ □《だい》一《いち》位《い》

⑪ □《ち》が通《かよ》う

⑫ 絵《え》□《ふで》

豆

筆順《ひつじゅん》

7 画《かく》 豆《まめ》の部《ぶ》

音 トウ ズ

訓 まめ

10回《かい》書《か》いてみよう

読《よ》み方《かた》と書《か》き方《かた》の問題《もんだい》

① 豆を食《た》べる（　）

② 大《だい》□《ず》

できた！ 月 日

調

筆順《ひつじゅん》

15 画《かく》 言《ごんべん》の部《ぶ》

音 チョウ

訓 しらべる （ととのう） （ととのえる）

10回《かい》書《か》いてみよう

読《よ》み方《かた》と書《か》き方《かた》の問題《もんだい》

① 言葉《ことば》を調べる（　）

② □《ちょう》子《し》

できた！ 月 日

談

筆順《ひつじゅん》

15 画《かく》 言《ごんべん》の部《ぶ》

音 ダン

訓 ―

10回《かい》書《か》いてみよう

読《よ》み方《かた》と書《か》き方《かた》の問題《もんだい》

① 対《たい》談する（　）

② 面《めん》□《だん》

できた！ 月 日

路

筆順《ひつじゅん》

路 路 路 路 路 路 路 路 路 路 路 路 路

13画《かく》 𧾷《あし》の部《ぶ》

音 ロ

訓 じ

10回《かい》書《か》いてみよう

読《よ》み方《かた》と書《か》き方《かた》の問題《もんだい》

① 家《いえ》路にっく（　　）

② 道《どう》□ろ

□できた!　月　日

起

筆順《ひつじゅん》

起 起 起 起 起 起 起 起 起 起

10画《かく》 走《はしる》の部《ぶ》

音 キ

訓 おきる　おこる　おこす

10回《かい》書《か》いてみよう

読《よ》み方《かた》と書《か》き方《かた》の問題《もんだい》

① 早《はや》起き（　　）

② □き立《りつ》

□できた!　月　日

負

筆順《ひつじゅん》

負 負 負 負 負 負 負 負 負

9画《かく》 貝《かい》の部《ぶ》

音 フ

訓 まける　まかす　おう

10回《かい》書《か》いてみよう

読《よ》み方《かた》と書《か》き方《かた》の問題《もんだい》

① 箱《はこ》を背《せ》負う（　　）

② 勝《しょう》□ぶ

□できた!　月　日

身

7画《かく》 身《み》の部《ぶ》

筆順《ひつじゅん》

音 シン

訓 み

10回《かい》書《か》いてみよう

読《よ》み方《かた》と書《か》き方《かた》の問題《もんだい》

① 身軽《がる》な人《ひと》（　　）

② □《しん》体《たい》

□できた!
月　日

転

11画《かく》 車《くるま》の部《ぶ》

筆順《ひつじゅん》

音 テン

訓 ころがる　ころげる　ころがす　ころぶ

10回《かい》書《か》いてみよう

読《よ》み方《かた》と書《か》き方《かた》の問題《もんだい》

① 石《いし》が転がる（　　）

② 回《かい》□《てん》

□できた!
月　日

軽

12画《かく》 車《くるま》の部《ぶ》

筆順《ひつじゅん》

音 ケイ

訓 かるい　（かろやか）

10回《かい》書《か》いてみよう

読《よ》み方《かた》と書《か》き方《かた》の問題《もんだい》

① 軽い荷物《にもつ》（　　）

② □《けい》食《しょく》

□できた!
月　日

農

13画《かく》 辰《しんのたつ》の部《ぶ》

音 ノウ

訓 —

筆順《ひつじゅん》

10回《かい》書《か》いてみよう

読《よ》み方《かた》と書《か》き方《かた》の問題《もんだい》

❶ 農作《さく》物《ぶつ》（　　）

❷ □《のう》家《か》

□ できた!　月　日

酒

10画《かく》 酉《とり》の部《ぶ》

音 シュ

訓 さけ さか

筆順《ひつじゅん》

10回《かい》書《か》いてみよう

読《よ》み方《かた》と書《か》き方《かた》の問題《もんだい》

❶ 酒場《ば》（　　）

❷ 日《に》本《ほん》□《しゅ》

□ できた!　月　日

配

10画《かく》 酉《とり》の部《ぶ》

音 ハイ

訓 くばる

筆順《ひつじゅん》

10回《かい》書《か》いてみよう

読《よ》み方《かた》と書《か》き方《かた》の問題《もんだい》

❶ カードを配る（　　）

❷ □《はい》達《たつ》

□ できた!　月　日

重

筆順《ひつじゅん》

9画《かく》　里《さと》の部《ぶ》

音：ジュウ　チョウ

訓：え　おもい　かさねる　かさなる

10回《かいか》書いてみよう

読《よ》み方《かた》と書《か》き方《かた》の問題《もんだい》

① 紙《かみ》を重ねる（　　）

② □《じゅう》箱《ばこ》

□できた！　月　日

鉄

筆順《ひつじゅん》

13画《かく》　金《かね》の部《ぶ》

音：テツ

訓：―

10回《かいか》書いてみよう

読《よ》み方《かた》と書《か》き方《かた》の問題《もんだい》

① 鉄道《どう》（　　）

② 地《ち》下《か》□《てつ》

□できた！　月　日

銀

筆順《ひつじゅん》

14画《かく》　金《かね》の部《ぶ》

音：ギン

訓：―

10回《かいか》書いてみよう

読《よ》み方《かた》と書《か》き方《かた》の問題《もんだい》

① 銀メダル（　　）

② □《ぎん》行《こう》

□できた！　月　日

開

12画《かく》 門《もんがまえ》の部《ぶ》

筆順《ひつじゅん》

音: カイ

訓: ひらく　ひらける　あく　あける

10回《かい》書《か》いてみよう

読《よ》み方《かた》と書《か》き方《かた》の問題《もんだい》

① 本《ほん》を開く（　　）

② □《かい》店《てん》

□ できた!　月　日

集

12画《かく》 隹《ふるとり》の部《ぶ》

筆順《ひつじゅん》

音: シュウ

訓: あつまる　あつめる　（つどう）

10回《かい》書《か》いてみよう

読《よ》み方《かた》と書《か》き方《かた》の問題《もんだい》

① 鳥《とり》が集まる（　　）

② □《しゅう》中《ちゅう》

□ できた!　月　日

面

9画《かく》 面《めん》の部《ぶ》

筆順《ひつじゅん》

音: メン

訓: （おも）　（おもて）　（つら）

10回《かい》書《か》いてみよう

読《よ》み方《かた》と書《か》き方《かた》の問題《もんだい》

① 正面《しょうめん》を向《む》く（　　）

② □《めん》会《かい》

□ できた!　月　日

館

筆順《ひつじゅん》

16画《かく》 食《しょくへん》の部《ぶ》

音 カン

訓 やかた

10回《かい》書《か》いてみよう

読《よ》み方《かた》と書《か》き方《かた》の問題《もんだい》

① 貴《き》族《ぞく》の館（　　）

② 体《たい》育《いく》□《かん》

できた!
月　日

飲

筆順《ひつじゅん》

12画《かく》 食《しょくへん》の部《ぶ》

音 イン

訓 のむ

10回《かい》書《か》いてみよう

読《よ》み方《かた》と書《か》き方《かた》の問題《もんだい》

① 水《みず》を飲む（　　）

② □《いん》食《しょく》店《てん》

できた!
月　日

題

筆順《ひつじゅん》

18画《かく》 頁《おおがい》の部《ぶ》

音 ダイ

訓 ―

10回《かい》書《か》いてみよう

読《よ》み方《かた》と書《か》き方《かた》の問題《もんだい》

① 宿《しゅく》題をする（　　）

② 問《もん》□《だい》

できた!
月　日

駅

14画《かく》　馬《うま》の部《ぶ》

音　エキ

訓　―

筆順《ひつじゅん》

10回《かい》書《か》いてみよう

1　2　3　4　5　6　7　8　9　10

読《よ》み方《かた》と書《か》き方《かた》の問題《もんだい》

① 駅前《まえ》（　　）

② □《えき》伝《でん》

□ できた！

月　　日

歯

12画《かく》　歯《は》の部《ぶ》

音　シ

訓　は

筆順《ひつじゅん》

10回《かい》書《か》いてみよう

1　2　3　4　5　6　7　8　9　10

読《よ》み方《かた》と書《か》き方《かた》の問題《もんだい》

① 歯みがき（　　）

② □《し》科《か》医《い》院《いん》

□ できた！

月　　日

鼻

14画《かく》　鼻《はな》の部《ぶ》

音　（ビ）

訓　はな

筆順《ひつじゅん》

10回《かい》書《か》いてみよう

1　2　3　4　5　6　7　8　9　10

読《よ》み方《かた》と書《か》き方《かた》の問題《もんだい》

① ゾウの鼻（　　）

② □《はな》歌《うた》

□ できた！

月　　日

やってみよう 読《よ》んでみよう 8

——の漢字《かんじ》の読《よ》みを、左《ひだり》のわくの中《なか》からえらんで書《か》こう。

❶ 相《そう》談（　　）

❷ 転ぶ（　　）

❸ 豆乳《にゅう》（　　）

❹ 海《うみ》に面する（　　）

❺ 起こす（　　）

❻ 歯車《ぐるま》（　　）

❼ ふたを開ける（　　）

❽ 酒のびん（　　）

❾ 負ける（　　）

❿ 軽石《いし》（　　）

⓫ 飲料《りょう》水《すい》（　　）

⓬ 重い（　　）

⓭ 鉄棒《ぼう》（　　）

⓮ 集める（　　）

は　かる　おも　とう　あ　いん　さけ
ころ　てつ　めん　だん　ま　あつ　お

この中《なか》から読《よ》みをえらんで書《か》いてね。

やってみよう 書《か》いてみよう 8

□に正《ただ》しい漢字《かんじ》を書《か》こう。

❶ 上《じょう》半《はん》□《しん》

❷ パンを□《くば》る

❸ □《ちょう》味《み》料《りょう》

❹ 本《ほん》の□《だい》名《めい》

❺ 図《と》書《しょ》□《かん》

❻ □《のう》作《さ》業《ぎょう》

❼ 目《め》□《はな》

❽ 線《せん》□《ろ》

❾ 次《つぎ》の□《えき》

❿ □《ぎん》色《いろ》

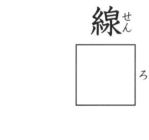

チャレンジ 読《よ》めるかな

きょうも朝《あさ》から暑①（　）いけど、これから
広《ひろ》場《ば》に集合②（　）して、野球③（　）をするんだ。
投手④（　）は、ジャイアン。
相手⑤（　）チームの一《いち》番《ばん》打者⑥（　）は、
うわさでは、とても足《あし》が速⑦（　）いらしい。
でも、たくさん練習⑧（　）したから
ぜったいに勝⑨（　）てるよ！
ぼくの活《かつ》やくにも注目⑩（　）してね。

チャレンジ 書《か》けるかな

①□□《えきまえ》の②□□□《としょかん》で、③□□《せかい》の④□□《どうわ》や日本《にほん》の⑤□□《むかしばなし》の本《ほん》を、たくさんかりてきたよ。

のび太《た》⑥□《くん》、読《どく》書《しょ》⑦□□《かんそう》文《ぶん》の⑧□□《しゅくだい》を⑨□《お》わらせたら、しずかちゃんたちをさそって⑩□《あそ》びに行《い》こうね。

問《もん》題《だい》の答《こた》え

読《よ》み方《かた》の問《もん》題《だい》●答《こた》え

書《か》き方《かた》の問《もん》題《だい》の答《こた》えはすべて、その問《もん》題《だい》の上《うえ》に記《しる》してある漢字《かんじ》です。
(例《れい》) 2ページの「両」のところの書《か》き方《かた》の問《もん》題《だい》「車□《しゃりょう》」の答《こた》えは「両」です。

- 2ページ　丁 ①ちょう　世 ①よ　両 ①りょう
- 3ページ　主 ①おも　乗 ①の
- 4ページ　予 ①よ　事 ①こと　仕 ①つか
- 5ページ　他 ①た　代 ①か　全 ①すべ
- 6ページ　住 ①す　使 ①つか　係 ①かか
- 7ページ　倍 ①ばい　具 ①ぐ
- 8ページ　写 ①うつ　列 ①れつ　助 ①たす
- 9ページ　勉 ①べん　動 ①うご
- 12ページ　勝 ①か　化 ①ば　区 ①く
- 13ページ　医 ①い　去 ①さ　反 ①そ
- 14ページ　取 ①と　受 ①う　号 ①ごう
- 15ページ　向 ①む　君 ①きみ
- 16ページ　味 ①あじ　命 ①いのち　和 ①わ
- 17ページ　品 ①しな　員 ①いん
- 18ページ　商 ①しょう　問 ①とん　坂 ①さか
- 19ページ　央 ①おう　委 ①ゆだ　始 ①はじ
- 22ページ　安 ①やす　守 ①す　実 ①みの
- 23ページ　定 ①さだ　客 ①きゃく
- 24ページ　宮 ①みや　宿 ①やど　寒 ①さむ
- 25ページ　対 ①たい　局 ①きょく
- 26ページ　屋 ①や　岸 ①きし　島 ①しま
- 27ページ　州 ①しゅう　帳 ①ちょう　平 ①たい
- 28ページ　幸 ①こう さいわ　度 ①ど　庫 ①こ
- 29ページ　庭 ①にわ　式 ①しき
- 30ページ　役 ①やく　待 ①ま　苦 ①にが
- 31ページ　荷 ①に　葉 ①は
- 34ページ　落 ①お　薬 ①くすり　返 ①かえ
- 35ページ　送 ①おく　追 ①お　速 ①はや
- 36ページ　進 ①すす　運 ①はこ　遊 ①あそ
- 37ページ　都 ①みやこ　部 ①ぶ
- 38ページ　院 ①いん　階 ①かい　陽 ①よう
- 39ページ　急 ①いそ　息 ①いき
- 40ページ　悪 ①わる　悲 ①かな　意 ①い
- 41ページ　感 ①かん　想 ①そう　所 ①ところ
- 42ページ　打 ①う　投 ①な　指 ①さ
- 43ページ　持 ①も　拾 ①ひろ
- 46ページ　放 ①はな　整 ①ととの　旅 ①たび
- 47ページ　族 ①ぞく　昔 ①むかし
- 48ページ　昭 ①しょう　暑 ①あつ　暗 ①くら
- 49ページ　曲 ①ま　有 ①あ　服 ①ふく

やってみよう●答え《こた》

10ページ　読《よ》んでみよう1
①ちょう　②うご　③かかり　④の　⑤せい　⑥まった　⑦ぬし　⑧うつ　⑨す　⑩ばい　⑪たい　⑫たす

11ページ　書《か》いてみよう1
①他　②事　③列　④具　⑤勉　⑥両　⑦仕　⑧予　⑨使

20ページ　読《よ》んでみよう2
①と　②う　③あじ　④ば　⑤めい　⑥い　⑦い　⑧こ　⑨そ　⑩む　⑪きみ　⑫はじ

21ページ　書《か》いてみよう2
①勝　②商　③和　④号　⑤坂　⑥品　⑦取　⑧区　⑨央　⑩員

32ページ　読《よ》んでみよう3
①み　②がん　③くる　④きゅう　⑤に　⑥てい　⑦へい　⑧やす　⑨きょく　⑩やど　⑪ちょう　⑫たい　⑬しゅう　⑭しゅ

33ページ　書《か》いてみよう3
①葉　②幸　③客　④式　⑤島　⑥屋　⑦庭　⑧待　⑨寒　⑩度　⑪役　⑫庫

44ページ　読《よ》んでみよう4
①かん　②とう　③ゆう　④お　⑤はや　⑥と　⑦かな　⑧かえ　⑨かい　⑩いん　⑪しょ　⑫すす　⑬よう　⑭ゆび

45ページ　書《か》いてみよう4
①部　②拾　③薬　④悪　⑤想　⑥追　⑦運　⑧息　⑨送　⑩持　⑪打　⑫意　⑬急

56ページ　読《よ》んでみよう5
①ほう　②は　③ゆう　④ばん　⑤ま　⑥き　⑦う　⑧つぎ　⑨むかし　⑩し　⑪ぞく　⑫よう　⑬ぎょう　⑭ととの

57ページ　書《か》いてみよう5
①服　②氷　③昭　④横　⑤注　⑥暑　⑦旅　⑧泳　⑨柱　⑩期　⑪根　⑫暗　⑬橋

68ページ　読《よ》んでみよう6
①け　②さら　③ゆ　④きゅう　⑤ぶつ　⑥こう　⑦ふか　⑧とう　⑨そう　⑩こ　⑪ひ　⑫たん　⑬なが　⑭あたた

69ページ　書《か》いてみよう6
①病　②真　③漢　④油　⑤界　⑥県　⑦洋　⑧発　⑨申　⑩由　⑪畑　⑫短

80ページ　読《よ》んでみよう7
①ひつじ　②おもて　③お　④し　⑤そだ　⑥まつ　⑦き　⑧じん　⑨りょく　⑩れい　⑪しゅう　⑫はこ　⑬しょう　⑭び

81ページ　書《か》いてみよう7
①福　②笛　③級　④童　⑤者　⑥研究　⑦等　⑧練　⑨秒　⑩第　⑪血　⑫筆

90ページ　読《よ》んでみよう8
①だん　②ころ　③とう　④めん　⑤お　⑥は　⑦あ　⑧さけ　⑨ま　⑩かる　⑪いん　⑫おも　⑬てつ　⑭あつ

91ページ　書《か》いてみよう8
①身　②配　③調　④題　⑤館　⑥農　⑦鼻　⑧路　⑨駅　⑩銀

チャレンジ●答え《こた》

92ページ　チャレンジ　読《よ》めるかな
①あつ　②しゅうごう　③やきゅう　④とうしゅ　⑤あいて　⑥だしゃ　⑦はや　⑧れんしゅう　⑨か　⑩ちゅうもく

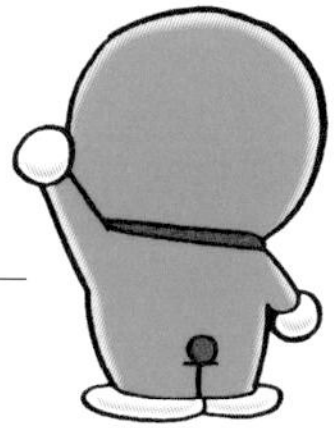

93ページ　チャレンジ　書《か》けるかな
①駅前　②図書館　③世界　④童話　⑤昔話　⑥君　⑦感想　⑧宿題　⑨終　⑩遊